MOLIÈRE

PSYCHÉ

PARIS
Librairie E. Flammarion
M DCCC XCV

LES PIÈCES DE MOLIÈRE

PSYCHÉ

TIRAGE A PETIT NOMBRE

Il a été tiré en outre :

20 exemplaires sur papier du Japon, avec triple épreuve de la gravure (nos 1 à 20).

25 exemplaires sur papier de Chine fort, avec double épreuve de la gravure (nos 21 à 45).

25 exemplaires sur papier Whatman, avec double épreuve de la gravure (nos 46 à 70).

70 exemplaires, numérotés.

Champollion d'après Louis Leloir

PSYCHÉ
(Acte IV. Scène IV.)

MOLIÈRE

PSYCHÉ

TRAGÉDIE-BALLET EN CINQ ACTES

AVEC UNE NOTICE ET DES NOTES

PAR

GEORGES MONVAL

Dessin de L. Leloir

GRAVÉ A L'EAU-FORTE PAR CHAMPOLLION

PARIS

LIBRAIRIE DES BIBLIOPHILES

E. FLAMMARION SUCCESSEUR

Rue Racine, 26, près de l'Odéon

M DCCC XCV

NOTICE

SUR *PSYCHÉ*

*S*I PSYCHÉ *n'est pas la meilleure, elle est la plus longue des pièces de Molière : elle a* 2,134 *vers.* L'ÉTOURDI *n'en compte que* 2,068 ; *il est vrai qu'il est tout en alexandrins et que* Psyché *est en vers libres.*

On n'a pas débité moins de sottises ou d'erreurs sur cette pièce que sur les précédentes ; notre premier devoir est de les signaler et de les combattre.

On a donné et répandu de fausses dates de sa première représentation.

On a lu, dans un recueil couronné par l'Académie Française, que PSYCHÉ *« inaugura » la Salle des Machines, « construite tout exprès pour la circonstance ».*

On a écrit, ailleurs, que le plan de Psyché, *« traînant et sans intérêt », se ressentait de la précipitation avec laquelle l'ouvrage fut exécuté.*

On a dit, enfin, que « la plus grande part de l'œuvre appartient à Corneille », et l'on s'est trop communément accordé à lui donner, ici, le pas sur Molière.

Reprendre ces points et les discuter ne sera pas peine inutile et temps perdu.

C'est au tome VI des Œuvres de Monsieur Molière, *publiées en 1682, qu'on lit : « La tragédie-ballet de* Psyché *fut représentée pour le Roi, dans la grande Salle des Machines du palais des Tuileries, en janvier, et durant tout le Carnaval de l'année 1670, par la troupe du Roy, et donnée au public, sur le théâtre de la salle du Palais-Royal, le 24 juillet 1671. »*

Si cette indication était exacte, dix-huit mois auraient donc séparé la première à la Ville de la première à la Cour. Mais elle est erronée, et n'en a que plus fidèlement été reproduite par quelques éditions suivantes. Psyché *fut jouée aux Tuileries, pour la première fois, le 17 janvier 1671 [1], et au Palais-Royal, six mois plus tard, le 24 juillet [2].*

1. Grimarest, qui n'a pas copié cette erreur, est tombé dans une autre, en donnant la date de 1672.
2. Entre ces deux dates, Molière donna au public sa comédie des *Fourberies de Scapin*.

LE BOURGEOIS GENTILHOMME *venait à peine de paraître (novembre 1670), que déjà Molière était au travail pour le divertissement du Carnaval prochain. Il n'était plus question, cette fois, du Louvre abandonné, malgré Colbert, comme résidence royale, ni de Versailles ou Saint-Germain : le Roi voulait utiliser la grande salle des Tuileries, inaugurée depuis neuf ans déjà, et presque aussitôt fermée.*

M. de Ratabon, le prédécesseur de Colbert à la surintendance des bâtiments, avait, on s'en souvient, en octobre 1660, démoli — pour faire place à la future colonnade du Louvre — le Théâtre-Royal de Bourbon, où avaient manœuvré les machines de la FINTA PAZZA, *de l'*ANDROMÈDE *de Corneille et de la* ROSAURA, *avant que Molière le partageât avec les comédiens italiens.*

En dédommagement, Molière obtint, le mois suivant, la salle du Palais-Royal, élevée, vingt ans plus tôt, par Richelieu pour sa MIRAME, *et que la troupe de Monsieur ouvrit le 20 janvier 1661.*

Mazarin, qui ne faisait pas de tragédies, mais qui aimait le théâtre et la musique, voulait avoir, lui aussi, sa « Salle des machines » : il avait d'abord songé à l'élever « sur une place située derrière son palais [1] » ; mais il tomba malade, et, à sa mort

1. M. de Pure, *Idée des spectacles anciens et modernes*, 1668, p. 311.

(9 *mars* 1661), *on choisit l'emplacement qui restait à bâtir du palais des Tuileries « depuis le corps de logis qu'occupait M. le comte d'Harcourt, tenant vers la Grande-Ecurie ». On remarque ce grand bâtiment, tout neuf alors, sur trois des planches gravées du grand Carrousel de mai* 1662 ; *il y est ainsi désigné :* Structa recitandis comœdiis aula [1].

Molière espéra-t-il un moment se faire attribuer cette salle pour y fonder la Comédie-Française (qui, aujourd'hui encore, n'aurait pas de plus bel emplacement, et plus digne d'elle)? Comment fut-il amené à participer à l'érection du nouveau théâtre? On sait du moins qu'il fut consulté sur les travaux à exécuter; on a conservé deux devis qui lui furent soumis, l'un par Jean Pastel et André Mazières, jurés du Roi en ouvrages de maçonnerie et entrepreneurs des bâtiments du Louvre ; l'autre par le peintre nantais Charles Errard, qui avait décoré les appartements de la Reine au vieux Louvre, et était chargé des peintures et ornements de la salle nouvelle. Le premier, daté d'août 1661, *est « fourni, en suivant l'ordre du Roy, au sieur Poquelin Mollière » qui l'apostilla de la note suivante :* « Ce devis me pa-

1. Voir aussi, parmi les neuf pièces des Tuileries gravées par J. Marot, *l'Elévation de la grande salle des ballets et des comédies, bâtie sous Louis le Grand.* — Elle est encore représentée sur le frontispice de l'opéra d'*Alceste* (1674), gravé par F. Chauveau.

roît bien entendu; reste à sçavoir dans quel temps on rendroit les ouvrages — J.-B.-P. MOLIÈRE[1]. »

*La salle n'en était alors qu'aux fondations; et, quoique Sa Majesté désirât qu'elle fût construite « en toute diligence », elle ne fut prête qu'au commencement de l'année suivante, si bien que l'*ERCOLE AMANTE *de Buti et Cavalli, composé à l'occasion du mariage du Roi, ne put y être représenté que trois mois après la naissance du Dauphin! 7 février 1662: telle est la date de l'inauguration, que les uns ont placée en 1660, d'autres en 1671.*

Construite sur les plans de l'ingénieur Gaspar Vigarani, et sous les ordres d'Antoine de Ratabon, la Salle des Machines allait occuper le vaste espace compris entre le pavillon de Marsan actuel et le dôme central, détruit en 1871. La scène était du côté de la rue Neuve-Saint-Honoré, entre la cour qui allait bientôt prendre le nom du Carrousel (ancien jardin de Mademoiselle) et le jardin des Tuile-

1. Ce document est-il bien authentique? Il n'a atteint que 351 francs à la vente Chambry (mars 1881), après avoir appartenu à M. Letellier et passé à la vente La Carelle (Charon, 4 février 1847).

L'autre devis, où le théâtre des Tuileries est appelé la *Salle du Peuple* (déjà!), faisait partie des collections de M. Benjamin Fillon. Je l'ai vu, il y a vingt ans, exposé à Nantes, au Musée préhistorique installé dans le Foyer du théâtre de la Renaissance, pendant le Congrès scientifique d'août 1875. Il figure, comme *réservé*, au catalogue B. Fillon, sous le n° 1643.

ries, le spectateur tournant le dos à la rivière. Elle avait 40 toises de longueur, la scène 22 de profondeur, 32 pieds d'ouverture sur la largeur et 24 de hauteur. Le cintre avait 37 pieds; le dessous, 15.

« Le théâtre des Tuileries, dit Germain Brice, est, sans contredit, le plus magnifique de l'Europe, sans en excepter même celui de Parme, dont les Italiens font tant de cas. » Il assure que la salle pouvait très aisément contenir sept ou huit mille personnes, et ce chiffre est confirmé par Piganiol.

On faisait grand sous le grand Roi, trop grand parfois. Une salle aussi vaste ne pouvait être pratique et d'un usage fréquent : il fallait trente lustres pour l'éclairer, et le chauffage devait en être difficile par cette saison du Carnaval.

*Aussi fut-elle presque abandonnée après les représentations de l'*ERCOLE AMANTE*, qui fut donné dix fois en trois mois*[1]*. Molière n'y parut qu'une fois, croit-on, avec les machines d'*AMPHITRYON*, trois ans avant* PSYCHÉ*, le 16 janvier 1668.*

Rouverte pendant le Carnaval de 1671 et le suivant, la Salle des Machines semblait alors toute désignée pour loger l'Opéra naissant, qui fut ballotté de la rue Mazarine à Bel-Air et de la rue de Vaugirard au Palais-Royal. Elle resta fermée jusqu'à la mort

---

1. Du 7 février au 10 mai. — L'opéra-ballet d'*Hercule amoureux* est porté pour 88,700 livres aux dépenses de l'Argenterie Royale, pour 1662.

du Roi. Après réfection, on y donna quelques ballets et grandes pièces, sous la Régence et sous Louis XV. De 1738 à 1742 et de 1754 à 1758, Servandoni y installa ses spectacles mécaniques, et quand, en 1763, il fallut la disposer à neuf pour recueillir l'Opéra incendié, le seul emplacement de la scène suffit pour construire et la scène et la salle nouvelles [1].

Mais à la veille de PSYCHÉ, *le Roi tenait à l'utiliser telle quelle : elle avait coûté assez cher ! avec ses colonnes de marbre, ses grandes draperies vertes, ses ornements dorés, et son plafond peint par Noël Coypel, d'après les cartons de Lebrun. Les travaux d'Errard seuls avaient coûté 32,000 livres. Il fallait, pour la rouvrir, une pièce à grand spectacle, comme en avait donné jadis le Petit-Bourbon, comme en donnait encore le Théâtre du Marais.*

Il y avait, dans cet HERCULE AMOUREUX *qui inaugura la Salle des Machines, de très beaux décors, notamment un* Enfer *(dans lequel Louis XIV lui-même avait représenté Pluton), que l'on conservait précieusement au garde-meuble du Petit-Bourbon, et que le Roi voulut revoir dans le spectacle attendu.*

---

1. L'Opéra y resta de 1764 à 1770; puis vint le tour de la Comédie-Française, qui y attendit douze ans que sa nouvelle salle fût prête; puis le Théâtre de Monsieur (1789). On sait que ce fut là que la Convention nationale vota la mort de Louis XVI.

*L'enfer étant du programme, trois sujets semblaient s'imposer : Racine, dit-on, proposa celui d'*ORPHÉE, *déjà mis en scène en 1647, au Palais-Royal (l'*ORFEO *de Buti, Rossi et Cavalli) et au Marais (la* GRANDE JOURNÉE DES MACHINES, *de Chapoton*[1]*); Quinault songea à un* ENLÈVEMENT DE PROSERPINE*; Molière s'arrêta à* PSYCHÉ, *que le roman de La Fontaine*[2] *venait de remettre à la mode, avec son épisode de la descente aux Enfers emprunté d'Apulée. Ce fut Molière qui l'emporta. Le Roi, qui ne dansait plus depuis* BRITANNICUS, *se souvenait d'avoir, quinze ans plus tôt, fait le personnage du Printemps dans un ballet de Bensserade :* PSYCHÉ *ou la* PUISSANCE DE L'AMOUR *(17 janvier 1656), avec Mlle de Grammont dans Psyché et le marquis de Villeroi dans Cupidon. La douzième entrée de la*

---

1. Donnée d'abord en 1640 à l'Hôtel de Bourgogne, sous le titre du *Mariage d'Orphée et d'Euridice*, cette pièce fut reprise une seconde fois par les Comédiens du Marais en 1662, avec les machines de Buffequin. (Voir le *Dessein du Poème et des superbes machines*, Paris, 1647 et 1662, in-4°.)

2. *Les Amours de Psyché et de Cupidon* avaient paru chez Barbin en 1669, et la pièce de Molière n'eut d'abord pas d'autre titre. (Voir le privilège du 31 décembre 1670).

Vers 1640, Calderon avait fait représenter en Espagne sa fantaisie shakspearienne *Ni Amor se libra de amor* (l'Amour lui-même n'échappe pas à l'amour), qui peut avoir fourni à Molière ses deux princes Cléomène et Agénor. (Voir *Psyché en Espagne*, par A. de Latour, 1 vol. in-18, 1879.)

seconde partie se passait aux Enfers, et Pluton c'était encore Louis XIV. Il y avait un concert italien, soutenu de symphonies, par le sieur Baptiste : Lulli préludait ainsi à sa collaboration à PSYCHÉ*; n'était-il pas, d'ailleurs, l'inséparable de Molière depuis les* PLAISIRS DE L'ILE ENCHANTÉE ?

Molière se mit donc aussitôt au travail; il traça en hâte le plan de sa tragédie-ballet, et en commença l'exécution entre deux représentations du BOURGEOIS ; *mais, le désir du Roi ayant avancé à la mi-janvier la date de la première, il lui fallut, pour être prêt à l'heure dite et ne pas laisser — comme il avait dû faire à la* PRINCESSE D'ELIDE — *sa muse à demi chaussée, accepter l'aide de deux confrères. Il avait mis en vers le prologue, tout le premier acte et la 1re scène du second; après l'admirable duo du Roi et de Psyché, il passa la plume à Corneille, dont il jouait alors la* BÉRÉNICE *(en concurrence avec celle de Racine à l'Hôtel de Bourgogne), se réservant seulement la 1re scène du 3e acte, qui renfermait tout le rôle qu'il devait créer, celui de Zéphire.*

Pendant que Molière mettait en scène son premier acte, Corneille versifia le reste de la pièce, et Quinault fut chargé des paroles que Lulli[1] *devait mettre*

1. Ce fut pendant les répétitions de *Psyché* que Molière fit à Lulli, moyennant une rente de 550 livres, un prêt de 11,000 livres, pour l'aider à payer sa maison de la rue Neuve-des-Petits-Champs (11 déc. 1670).

en musique. Grâce à cette quadruple collaboration, la pièce put être prête en temps voulu. Conçue et bâclée dans ces conditions de hâte excessive, PSYCHÉ *ne pouvait être un chef-d'œuvre. Il faut, toutefois, remercier le Roi de son impatience : il y a, dans le génie le mieux doué, un fond de paresse ou, si l'on veut, de défiance de soi, qui souvent n'aboutirait pas sans l'aiguillon de la nécessité.*

Quoique signée de trois noms, PSYCHÉ *n'en reste pas moins l'œuvre de Molière, qui fut seul nommé dans le privilège royal obtenu quinze jours avant la représentation. Elle fut publiée sous son nom seul et imprimée dans les* Œuvres de Molière *dès* 1674, *tandis qu'elle ne figura d'abord ni dans celles de Corneille, ni dans le Théâtre de Quinault. Ce n'est que de nos jours, et à titre de document, qu'elle est entrée dans la bibliographie cornélienne. Le grand Corneille ne fit, ici, que ce que fera son cadet en tournant en alexandrins le* FESTIN DE PIERRE ; *il n'est pas plus l'auteur de* PSYCHÉ *que Thomas n'est l'auteur de* DON JUAN.

Choix du sujet, conception, plan, commencement d'exécution, sont de Molière seul. Et, même au point de vue de la langue et de la versification, Corneille l'emporte-t-il vraiment, comme on l'a dit, sur son collaborateur ? Ses vers ne sont-ils pas parfois plus lyriques qu'il ne convient dans une œuvre de théâtre ? et la scène du père et de la fille, qui est bien toute de

Molière, celle-là, et dont Racine va s'inspirer pour son IPHIGÉNIE, *ne vaut-elle pas la scène tant vantée du 3e acte, qui n'est, après tout, que l'heureux développement des lieux communs de la poésie amoureuse?*

Aussitôt après la célèbre tirade :

Qu'un monstre tel que vous inspire peu de crainte!

n'est-ce pas une véritable tache que ces cinq vers de la réplique de l'Amour, à citer comme un modèle de galimatias double :

Vous avez eu Psyché, l'âme toujours si dure
Qu'il ne faut pas vous étonner
Si, pour *en* réparer l'injure,
L'Amour en ce moment se paye avec usure
De *ceux qu'elle* a dû lui donner.

Baron, chargé de débiter ces vers, les comprenait-il? et, s'il demanda quelque éclaircissement à l'auteur, Corneille dut lui répondre, comme il avait fait la veille pour quatre vers obscurs du Domitian de sa BÉRÉNICE : « *Ma foi, je ne les entends pas trop bien non plus. N'importe, récitez-les toujours avec feu; tel qui ne les entendra pas, les applaudira peut-être!* »

Molière ne se contentait pas à si peu de frais : moins poète, si l'on veut, il mettait avant tout le naturel et la clarté. Et il y a bien d'autres obscurités dans Corneille, de l'impropriété, de la lourdeur, de l'emphase, des incorrections.

Dans la touchante scène des adieux, au contraire, pas une tache. Quelle grandeur, à la fois religieuse et familière, et bien humaine ! Ce n'est plus le poète ou l'artiste que nous admirons, c'est le penseur et le philosophe; c'est le père, encore en deuil de son premier-né, toujours tremblant pour la fille qui lui reste et qu'il aime jusqu'à la souffrance ; c'est l'ami, consolant Le Vayer de la mort d'un fils, en des vers dignes des stances fameuses de Malherbe à Dupérier [1].

Donc, à la mi-janvier, la pièce était prête, et la première put être donnée le samedi 17, quinze ans jour pour jour après la Psyché *de Bensserade, en présence de LL. MM., de Mgr le Dauphin, âgé de neuf ans, de Monsieur, de Mademoiselle et de Mademoiselle d'Orléans.*

A la seconde, donnée le lundi 19, assistaient le Nonce du Pape, l'Ambassadeur de Venise et quelques autres ministres.

Ce fut un spectacle magnifique : au dernier tableau, des Noces de l'Amour dans le palais de Jupiter, il y avait en scène 300 personnes sur des nuages. Les costumes avaient été dessinés par le prédécesseur de Bérain, Henry de Gissey, dessinateur du cabinet de Sa Majesté, et depuis peu concierge,

---

1. Le sonnet à La Mothe le Vayer, dont on retrouve les plus beaux vers dans *Psyché*, avait paru pour la première fois dans le *Recueil de plusieurs pièces galantes en prose et en vers*, 2 parties en 1 vol. 1668.

avec Pierre Clinchamp, de la salle des Machines. Les tailleurs Fortier et Baraillon reçurent 24,641 liv. 15 sols, et les comédiens 4,700 livres d'indemnité pour leurs habits[1].

Molière avait disposé la pièce de manière à utiliser, non seulement l'Enfer réclamé par le Roi, mais presque tous les décors de L'HERCULE AMOUREUX : *le port de mer fortifié de plusieurs tours, le jardin de cyprès plein de sépulcres magnifiques, le désert de rochers affreux, la cour d'un grand palais, le jardin, le portique du Temple d'Hymen, ce qui n'empêcha pas les mémoires des décorateurs G. Angenier, J.-B. Marot, P. Jumel et C.-E. Le Vasseur, de monter à 8,724 livres, plus 1,277 liv. 18 sols de toile. Les journées des ouvriers employés par Charles Vigarani coûtèrent seules 21,773 livres.*

*L'*État officiel de la dépense, *conservé aux manuscrits du British Museum et publié récemment par M. S. Bougenot*[2], *donne un total de 130,164 liv. 1 s. 6 d., sans compter les honoraires des comédiens.*

Voici quelle fut la distribution originale[3] *:*

---

1. La Grange porte à cet effet une somme de 200 livres sur son *Registre* (p. 144).

2. Dans le *Bulletin hist. et philol. du Comité des travaux historiques et scientifiques*, 1891.

3. D'après le *Grand Ballet de Psyché*, dansé devant Sa Majesté, au mois de janvier 1671. Paris, Robert Ballard, 1671, in-4°, de 40 p.

VÉNUS.	Mlle De Brie.
L'AMOUR	Baron.
PSYCHÉ.	Mlle Molière.
1re SŒUR DE PSYCHÉ . . .	Mlle Beauval.
2e — . . .	Mlle Marotte.
LE PÈRE DE PSYCHÉ	La Thorillière.
SON CAPITAINE DES GARDES.	Chasteauneuf.
1er AMANT DE PSYCHÉ. . .	Hubert.
2e — . . .	La Grange.
1re GRACE.	La petite Du Croisy[1].
2e GRACE	La petite La Thorillière.
1er AMOUR.	Barillonnet[2].
2e —	Thorillon[3].
ZÉPHIR.	MOLIÈRE.
JUPITER	Du Croisy.
UN FLEUVE.	De Brie.
2 GARDES ET PAGES. . . .	Assistants.

Les cantatrices étaient Mlles Hilaire Dupuis, qui avait chanté Vénus dans L'ERCOLE AMANTE, *Anne des Fonteaux et les sœurs Piesche.*

Les ballets, de la composition de Pierre Beauchamp, surintendant de la danse et maître à danser du Roi, nécessitèrent une dépense de plus de 15,000 livres, sans compter les accessoires: des masques, des boucliers, un cheval de bois, l'âne de Silène, des devises, des drapeaux et des banderoles. On avait

1. Angélique, qui devint plus tard Mlle Poisson, avait alors treize ans.

2. Fils du tailleur Baraillon.

3. Pierre La Thorillière, alors âgé de onze ans; ses sœurs, Charlotte (Mlle Baron) et Thérèse (Mlle Dancourt, filleule de Molière), en avaient dix et huit.

fait venir pour ces représentations J.-B. Archambault et d'autres sauteurs de réputation.

Ce spectacle vraiment royal fut donné pendant tout le Carnaval, les jours où la troupe du Roi ne donnait ni LE BOURGEOIS, *ni* BÉRÉNICE; *il nécessita vraisemblablement le relâche d'une semaine, signalé par La Grange, du 30 janvier au 6 février.*

En passant de la Cour à la Ville six mois après (24 *juillet* 1671), PSYCHÉ *dut subir certaines modifications, notamment dans les décors : les tours du port de mer ont disparu du prologue ; au* 1er *acte, « une grande ville » remplace l'allée de cyprès bordée de tombeaux superbes ; il est probable aussi qu'à l'apothéose finale, les* 300 *figurants des nuages avaient été singulièrement réduits pour le cadre plus modeste du Palais-Royal. On avait profité du relâche de Pâques pour faire à la salle d'importantes modifications en vue des machines, et La Grange évalue à* 4,359 *liv.* 1 *s. les frais extraordinaires (les frais ordinaires de* PSYCHÉ *étaient de* 351 *livres par jour). La première recette fut de* 1,022 *liv.* 10 *s., la plus forte, de* 1,388 *livres.*

La distribution fut la même qu'aux Tuileries, à l'exception de Chasteauneuf, remplacé par Beauval, dont la fille Louison remplace la petite La Thorillière, et de Thorillon, remplacé par le petit Barbier, fils du tapissier du théâtre.

La pièce fut donnée trente-huit fois en trois mois

et produisit 33,011 liv. 15 s. En septembre, une maladie de Mlle Molière donna quelque temps le rôle principal à Mlle Beauval (Nicole dans Psyché!), qui fut elle-même remplacée dans Aglaure par la fille de Du Croisy.

PSYCHÉ *fit encore, comme nous l'avons dit, les frais du Carnaval suivant à la salle des Tuileries.*

Reprise au Palais-Royal dès le 15 janvier, avec Mlle Du Croisy dans Zéphire au lieu de Molière, elle fut encore donnée 13 fois, puis 21, puis 10, ce qui porte le nombre de ses représentations à la ville à 82 jusqu'à la mort de Molière. On avait dépensé 8 à 9,000 livres d'extraordinaire, mais la recette totale fut de 77,119 livres.

Dès 1675, une PSYCHÉ, *de Thomas Shadwell, était jouée à Londres sur le Duke's Theatre, avec un grand luxe de musique et de danse, de décors et de machines. Tirée partie d'Apulée, partie de la pièce de Molière*[1], *cette espèce de tragédie-opéra obtint un grand succès et fut aussitôt parodiée sur le Théâtre Royal, par Thomas Dusset, sous le titre de* PSYCHÉ DEBAUCH'D.

Le 19 avril 1678, Lulli donnait à l'Opéra, qu'il dirigeait, la première représentation de PSYCHÉ, *tra-*

1. La *Psyché* d'Ozell (1714) ne fut qu'une traduction littérale de la pièce française.

gédie lyrique en 5 actes et prologue, dont il avait demandé le livret à Thomas Corneille et à son neveu Fontenelle[1]. *Il y reprit, bien entendu, et développa sa musique de 1671, et notamment la plainte italienne, dont les paroles sont de lui, à ce qu'on croit*[2].

Il serait intéressant de savoir si ces représentations, données dans l'ancienne salle de Molière au Palais-Royal, purent utiliser les premiers décors de la Troupe du Roi. Celle-ci, établie au théâtre de Guénégaud, avait pris goût aux pièces à machines et à spectacle, autrefois réservées au Marais : CIRCÉ, L'INCONNU, LE TRIOMPHE DES DAMES, LE FESTIN DE PIERRE, LA DEVINERESSE, LA PIERRE PHILOSOPHALE *avaient précédé les reprises* D'ANDROMÈDE *et de* LA TOISON D'OR *; Thomas Corneille et de Vizé donnaient de la besogne au décorateur Dufort. On résolut de reprendre* PSYCHÉ.

Un peintre bolonais, Gioacchino Pizzoli (encore un italien!) venait d'arriver à Paris[3], *où il séjourna de 1680 à 1699. Il travaillait pour le duc de Nevers, pour le duc d'Aumont, pour Versailles. Les*

1. Voir le tome II du *Recueil d'opéras* de Ballard.

2. L'ouvrage eut deux reprises, en 1703 et 1713 ; mais la partition ne fut gravée qu'en 1720.

3. Voir son portrait et sa biographie dans le tome II de la *Storia dell'Academia Clementina di Bologna*, 2 vol. in-4°. fig. Bologna, 1739.

Comédiens lui commandèrent un palais, dont le dessin, exceptionnellement conservé aux archives du Théâtre-Français, a servi à exécuter la maquette du Palais de Psyché *qui a figuré aux Expositions de 1878 et de 1889* [1].

Ce fut le jeudi 5 octobre 1684, après deux relâches pour répétitions générales [2], *que* Psyché, *« pièce en machines » reparut, au bout de douze années. Jouée d'abord au double (parterre à 30 sols), elle donne 1,314 liv., 572 liv., 955 liv. et 761 liv. de recette. A la cinquième, on met les places au simple (parterre à 15 sous) et l'on fait 1,066 liv. 15 sous. Interrompue après la septième par le voyage de Fontainebleau,* Psyché *fut reprise au retour, le vendredi 17 novembre, devant une recette de 1,267 livres 5 s. et se maintint pendant seize représentations, dont la dernière descendit à 674 livres... Et il n'en fut plus question jusqu'à 1703.*

Il en coûta, pour cette première reprise, 2,500 livres de frais extraordinaires, non compris les réparations qu'il fallut faire pour remettre le théâtre en état.

---

1. Ce projet, paraphé *ne varietur* par La Grange, Le Comte, Raisin l'aîné et Jouachin Pizzoli, a permis, grâce à une échelle de proportion, de reconstituer les dimensions de la scène de la rue Mazarine.

2. La reprise avait été résolue à l'Assemblée du 25 septembre ; il y eut donc seulement dix répétitions.

Sauf Molière, la Thorillière le père et de Brie, tous les acteurs de la création purent reparaître dans cette reprise, dont la distribution n'a pas été conservée.

Le 28 mars 1703, la Compagnie assemblée résolut de remonter PSYCHÉ *et* L'INCONNU « *le plus tôt possible après Pâques* ». *Sallé, Du Périer, Ponteuil et La Thorillière furent chargés des machines, musique, danse, habits des ballets ; la dépense ne devait pas excéder 6,000 livres pour les deux pièces.*

PSYCHÉ *était ainsi distribuée :*

L'Amour, Baron fils[1] *; le Roi, Sallé; Jupiter, Guérin ; Cléomène, Beaubour ; Agénor, Dufey; le Zéphire, Poisson ; Lycas, Le Comte; le Fleuve, Desmares; Psyché, Mlle Desmares; Vénus, Mlle Dancourt, qui avait créé une des Grâces à 5 liv. 10 sols; Aglaure, Mlle Fonpré alternant avec Mlle Beauval, la créatrice du rôle; Cidippe, Mlle de Champvallon; les deux Grâces, les petites Laurent et Poulvillain; l'Amour en l'air, le petit Toré. — Les autres rôles par Ponteuil, Dancourt, Du Périer, Le Grand, Du Boccage, Beauval et La Thorillière (ces deux derniers avaient été de la création); Mlles Beaubour, Dufey, Dangeville et Mimy Dancourt.*

---

1. Dans ce rôle, créé par son père, Etienne Baron s'éprit de sa *Psyché*, Mlle Desmares, comme Michel s'était épris, dit-on, de Mlle Molière.

La reprise eut lieu le 1er juin[1] *et fournit :* 32 *représentations jusqu'au* 5 *août ;* 27 *en* 1704, 12 *en* 1706; 6 *en* 1707 *et* 7 *en* 1708, *soit un total de* 84 *représentations*[2].

Vers cette époque, Louis Riccoboni donna sur les théâtres d'Italie une traduction de PSYCHÉ, *qui ne paraît pas avoir été imprimée, non plus que son* MENTEUR *et sa* PRINCESSE D'ELIDE.

Une PSYCHÉ *en un acte, musique de Mondonville, fut représentée à Fontainebleau, devant la Cour, les* 21 *octobre et* 16 *novembre* 1762 ; *son magnifique décor du Palais de Vénus, tout garni de pierreries multicolores, fit sensation et est resté célèbre.*

En 1790, *Gardel donna à l'Opéra un ballet de* PSYCHÉ, *sujet déjà traité par Noverre et d'Auberval.*

De nos jours, M. Ambroise Thomas s'est laissé tenter par la grâce et le mystérieux symbolisme du sujet. Le 26 *janvier* 1857, *l'Opéra-Comique donna sa* PSYCHÉ, *arrangée par ses librettistes ordinaires, Jules Barbier et Michel Carré.*

Ce fut peut-être le succès de cet ouvrage, et surtout la rencontre d'une Psyché idéale, qui donna, quel-

---

1. L'Opéra s'empressa de reprendre la *Psiché* de Lulli, qui fut donnée la semaine suivante, le 8 juin 1703.

2. Ce fut pendant cette reprise que le fils Guérin donna sa *Psyché de village*, qui n'eut qu'une seule représentation (29 mai 1705) et dont nous ne connaissons que le titre.

ques années plus tard, à M. Edouard Thierry[1] *l'idée de remonter la pièce de Molière, qui n'avait pas reparu depuis avril 1708, soit un peu plus d'un siècle et demi. Le mardi 19 août 1862, après un relâche pour répétition générale,* PSYCHÉ *fut reprise à la Comédie-Française, avec l'ouverture et les entr'actes de Lulli, des chœurs*[2] *nouveaux de Jules Cohen et un divertissement réglé par Adrien, de l'Opéra. Au prologue, un pas de deux, dansé par H. Mazillier et Mlle Dumilâtre.*

Les décorations de Cambon et Joseph Thierry (frère de l'Administrateur) furent très remarquées, surtout le Palais, les Jardins et l'Enfer.

Voici quelle était la distribution :

LE ROI.	MM.	Maubant.
JUPITER.		Chéry.
CLÉOMÈNE.		Worms.
AGÉNOR.		Ariste.
LE FLEUVE.		Verdellet.
LYCAS.		Tronchet.
PSYCHÉ	Mlles	Favart.
L'AMOUR		D. Fix.
VÉNUS		Devoyod.
ZEPHIRE.		Rosa Didier.
CIDIPPE		Ponsin.
AGLAURE		Tordeus.

1. Lire la belle étude que M. Thierry a consacrée à *Psyché* dans le *Moliériste* d'avril et mai 1887 (tome IX, pages 1 et 33).

2. Chantés par 34 élèves du Conservatoire (9 ténors, 8 basses, 9 soprani, 8 contralti).

Œgyste. . . . . . . Mlles Rose Deschamps.
L'Amour enfant. . . Marie Debreuil.

La pièce eut vingt-deux représentations en deux mois et, depuis le 17 octobre 1862, elle n'a plus reparu que par fragments du 3e acte, à quelques anniversaires de Corneille : le 6 juin 1864 avec Mlle Tordeus dans l'Amour et un pas de deux *par Mlle Beaugrand et M. Raymond, de l'Opéra ; le 6 juin 1866, ce fut M. Delaunay qui, dans l'Amour, donna la réplique à Mme Favart et à Mlle Tordeus, passée Zéphire ; en 1871, ce dernier rôle était joué par Mlle Tholer, à côté de Psyché-Reichenberg et de Cupidon-Croizette ; en 1886, enfin, Mlle Reichenberg faisait Psyché, Mlle Marguerite Durand l'Amour, et Mlle Frémaux Zéphire.*

Depuis, la pièce n'a été donnée qu'à l'Odéon, mais dans d'insuffisantes conditions de mise en scène et de costumes, et même sans musique[1]. *Il ne faut pas la dépouiller de ses « agréments ».* Psyché *est à la fois une féerie, un opéra, un drame. Il faut la donner dans son cadre somptueux, avec tous ses accessoires de symphonie, de chant et de ballet, qui nous repor-*

1. Sous la direction Porel, Mlles Panot, Cerny et Antonia Laurent jouaient Psyché, l'Amour et Vénus. Tout récemment, le 2e Théâtre-Français a repris une seule fois *Psyché*, en matinée du jeudi, avec une conférence de M. Germain Bapst (29 novembre 1894), et MM. Lambert, Amaury, Mlles Rose Syma, Piernold et Varly.

tent au temps du grand Roi : telle phrase de Lulli en dit plus, à cet égard, que tous les efforts du conférencier. Pour n'en citer qu'un exemple, goûterez-vous pleinement la belle scène du père, au 2e acte, si l'on supprime l'intermède qui la précède ? cet admirable lamento *ne doit-il pas être préparé par la plainte italienne :* « Ahi ! dolore ! ahi ! martire ! », *qui donne, en quelque sorte, le la à notre émotion, comme ferait la* Marche funèbre *de Chopin, ou le* Pie Jesu *de Stradella ?*

GEORGES MONVAL.

PSYCHÉ

TRAGÉDIE-BALLET

LE LIBRAIRE AU LECTEUR

Cet ouvrage n'est pas tout d'une main. M. Quinault a fait les paroles qui s'y chantent en musique, à la réserve de la plainte italienne. M. de Molière a dressé le plan de la pièce et réglé la disposition, où il s'est plus attaché aux beautés et à la pompe du spectacle qu'à l'exacte régularité. Quant à la versification, il n'a pas eu le loisir de la faire entière. Le carnaval approchoit, et les ordres pressants du Roi, qui se vouloit donner ce magnifique divertissement plusieurs fois avant le carême, l'ont mis dans la nécessité de souffrir un peu de secours. Ainsi il n'y a que le prologue, le premier acte, la première scène du second, et la première du troisième, dont les vers soient de lui. M. Corneille a employé une quinzaine au reste ; et, par ce moyen, Sa Majesté s'est trouvée servie dans le temps qu'elle l'avoit ordonné.

ACTEURS.

JUPITER.
VÉNUS.
L'AMOUR.
ÆGIALE, } Grâces.
PHAÈNE,
PSYCHÉ.
LE ROI, père de Psyché.
AGLAURE, } sœurs de Psyché.
CIDYPPE,
CLÉOMÈNE, } Princes amants de Psyché.
AGÉNOR,
LE ZÉPHIRE.
LYCAS.
LE DIEU D'UN FLEUVE.

PSYCHÉ

PROLOGUE

La scène représente sur le devant un lieu champêtre, et dans l'enfoncement un rocher percé à jour, au travers duquel on voit la mer en éloignement.

Flore paroît au milieu du théâtre, accompagnée de Vertumne, dieu des arbres et des fruits, et de Palæmon, dieu des eaux. Chacun de ces dieux conduit une troupe de divinités : l'un mène à sa suite des Dryades et des Sylvains, et l'autre des dieux des fleuves et des Naïades. Flore chante ce récit pour inviter Vénus à descendre en terre :

Ce n'est plus le temps de la guerre ;
Le plus puissant des rois
Interrompt ses exploits
Pour donner la paix à la terre.
Descendez, mère des Amours,
Venez nous donner de beaux jours.

Vertumne et Palæmon, avec les divinités qui les accompagnent, joignent leurs voix à celle de Flore, et chantent ces paroles :

CHŒUR DES DIVINITÉS DE LA TERRE
ET DES EAUX,

composé de Flore, Nymphes, Palæmon, Vertumne, Sylvains, Faunes, Dryades et Naïades.

Nous goûtons une paix profonde ;
Les plus doux jeux sont ici bas ;
On doit ce repos plein d'appas
Au plus grand roi du monde.
Descendez, mère des Amours,
Venez nous donner de beaux jours.

Il se fait ensuite une entrée de ballet composée de deux Dryades, quatre Sylvains, deux Fleuves et deux Naïades, après laquelle Vertumne et Palæmon chantent ce dialogue :

VERTUMNE.

Rendez-vous, beautés cruelles,
Soupirez à votre tour.

PALÆMON.

Voici la reine des belles
Qui vient inspirer l'amour.

VERTUMNE.

Un bel objet toujours sévère
Ne se fait jamais bien aimer.

PALÆMON.

C'est la beauté qui commence de plaire,
Mais la douceur achève de charmer.

(Ils répètent ensemble ces derniers vers.)

C'est la beauté qui commence de plaire,
Mais la douceur achève de charmer.

VERTUMNE.

Souffrons tous qu'Amour nous blesse ;
Languissons, puisqu'il le faut.

PALÆMON.

Que sert un cœur sans tendresse ?
Est-il un plus grand défaut ?

VERTUMNE.

Un bel objet toujours sévère
Ne se fait jamais bien aimer.

PALÆMON.

C'est la beauté qui commence de plaire,
Mais la douceur achève de charmer.

Flore répond au dialogue de Vertumne et de Palæmon par ce menuet, et les autres divinités y mêlent leurs danses :

Est-on sage
Dans le bel âge,
Est-on sage
De n'aimer pas ?
Que sans cesse

L'on se presse
De goûter les plaisirs ici bas :
La sagesse
De la jeunesse,
C'est de savoir jouir de ses appas.
L'Amour charme
Ceux qu'il désarme ;
L'Amour charme,
Cédons-lui tous.
Notre peine
Seroit vaine
De vouloir résister à ses coups :
Quelque chaîne
Qu'un amant prenne,
La liberté n'a rien qui soit si doux.

(*Vénus descend du ciel dans une grande machine, avec l'Amour son fils et deux petites Grâces nommées Ægiale et Phaène ; et les divinités de la terre et des eaux recommencent de joindre toutes leurs voix, et continuent par leurs danses de lui témoigner la joie qu'elles ressentent à son abord.*)

CHŒUR DE TOUTES LES DIVINITÉS DE LA TERRE ET DES EAUX :

Nous goûtons une paix profonde ;
Les plus doux jeux sont ici bas ;
On doit ce repos plein d'appas

Au plus grand roi du monde.
Descendez, mère des Amours,
Venez nous donner de beaux jours.

VÉNUS, *dans sa machine.*

Cessez, cessez pour moi tous vos chants d'allégresse.
De si rares honneurs ne m'appartiennent pas,
Et l'hommage qu'ici votre bonté m'adresse
Doit être réservé pour de plus doux appas.
C'est une trop vieille méthode
De me venir faire sa cour;
Toutes les choses ont leur tour,
Et Vénus n'est plus à la mode.
Il est d'autres attraits naissants
Où l'on va porter ses encens :
Psyché, Psyché la belle, aujourd'hui tient ma place;
Déjà tout l'univers s'empresse à l'adorer,
Et c'est trop que dans ma disgrâce
Je trouve encor quelqu'un qui me daigne honorer.
On ne balance point entre nos deux mérites,
A quitter mon parti tout s'est licencié,
Et, du nombreux amas de Grâces favorites
Dont je traînois partout les soins et l'amitié,
Il ne m'en est resté que deux des plus petites
Qui m'accompagnent par pitié.
Souffrez que ces demeures sombres
Prêtent leur solitude aux troubles de mon cœur,
Et me laissez parmi leurs ombres
Cacher ma honte et ma douleur.

(Flore et les autres déités se retirent, et Vénus avec sa suite sort de sa machine.)

ÆGIALE.

Nous ne savons, Déesse, comment faire,
Dans ce chagrin qu'on voit vous accabler :
Notre respect veut se taire,
Notre zèle veut parler.

VÉNUS.

Parlez ; mais, si vos soins aspirent à me plaire,
Laissez tous vos conseils pour une autre saison,
Et ne parlez de ma colère
Que pour dire que j'ai raison.
C'étoit là, c'étoit là la plus sensible offense
Que ma divinité pût jamais recevoir ;
Mais j'en aurai la vengeance,
Si les dieux ont du pouvoir.

PHAÈNE.

Vous avez plus que nous de clarté, de sagesse,
Pour juger ce qui peut être digne de vous ;
Mais, pour moi, j'aurois cru qu'une grande déesse
Devroit moins se mettre en courroux.

VÉNUS.

Et c'est là la raison de ce courroux extrême.
Plus mon rang a d'éclat, plus l'affront est sanglant,
Et, si je n'étois pas dans ce degré suprême,
Le dépit de mon cœur seroit moins violent.
Moi, la fille du dieu qui lance le tonnerre,
Mère du dieu qui fait aimer ;

Moi, les plus doux souhaits du ciel et de la terre,
Et qui ne suis venue au jour que pour charmer ;
Moi, qui par tout ce qui respire
Ai vu de tant de vœux encenser mes autels,
Et qui de la beauté, par des droits immortels,
Ai tenu de tout temps le souverain empire ;
Moi, dont les yeux ont mis deux grandes déités
Au point de me céder le prix de la plus belle,
Je me vois ma victoire et mes droits disputés
Par une chétive mortelle !
Le ridicule excès d'un fol entêtement
Va jusqu'à m'opposer une petite fille !
Sur ses traits et les miens j'essuierai constamment
Un téméraire jugement !
Et, du haut des cieux où je brille,
J'entendrai prononcer aux mortels prévenus :
« Elle est plus belle que Vénus ! »

ÆGIALE.

Voilà comme l'on fait, c'est le style des hommes ;
Ils sont impertinents dans leurs comparaisons.

PHAÈNE.

Ils ne sauroient louer, dans le siècle où nous sommes,
Qu'ils n'outragent les plus grands noms.

VÉNUS.

Ah ! que de ces trois mots la rigueur insolente
Venge bien Junon et Pallas,
Et console leurs cœurs de la gloire éclatante
Que la fameuse pomme acquit à mes appas !

Je les vois s'applaudir de mon inquiétude,
Affecter à toute heure un ris malicieux,
Et d'un fixe regard chercher avec étude
Ma confusion dans mes yeux.
Leur triomphante joie, au fort d'un tel outrage,
Semble me venir dire, insultant mon courroux :
« Vante, vante, Vénus, les traits de ton visage :
Au jugement d'un seul tu l'emportas sur nous,
Mais par le jugement de tous
Une simple mortelle a sur toi l'avantage. »
Ah ! ce coup-là m'achève, il me perce le cœur,
Je n'en puis plus souffrir les rigueurs sans égales,
Et c'est trop de surcroît à ma vive douleur
Que le plaisir de mes rivales.
Mon fils, si j'eus jamais sur toi quelque crédit,
Et si jamais je te fus chère,
Si tu portes un cœur à sentir le dépit
Qui trouble le cœur d'une mère
Qui si tendrement te chérit,
Emploie, emploie ici l'effort de ta puissance
A soutenir mes intérêts,
Et fais à Psyché, par tes traits,
Sentir les traits de ma vengeance.
Pour rendre son cœur malheureux,
Prends celui de tes traits le plus propre à me plaire,
Le plus empoisonné de ceux
Que tu lances dans ta colère ;
Du plus bas, du plus vil, du plus affreux mortel,
Fais que jusqu'à la rage elle soit enflammée,

Et qu'elle ait à souffrir le supplice cruel
D'aimer et n'être point aimée.

L'AMOUR.

Dans le monde on n'entend que plaintes de l'Amour,
On m'impute partout mille fautes commises,
Et vous ne croiriez point le mal et les sottises
Que l'on dit de moi chaque jour.
Si, pour servir votre colère...

VÉNUS.

Va, ne résiste point aux souhaits de ta mère.
N'applique tes raisonnements
Qu'à chercher les plus prompts moments
De faire un sacrifice à ma gloire outragée.
Pars, pour toute réponse à mes empressements,
Et ne me revois point que je ne sois vengée.

(L'Amour s'envole, et Vénus se retire avec les Grâces.)

La scène est changée en une grande ville, où l'on découvre, des deux côtés, des palais et des maisons de différents ordres d'architecture.

ACTE PREMIER

SCÈNE PREMIÈRE

AGLAURE, CIDYPPE.

AGLAURE.

Il est des maux, ma sœur, que le silence aigrit;
Laissons, laissons parler mon chagrin et le vôtre,
Et de nos cœurs l'un à l'autre
Exhalons le cuisant dépit :
Nous nous voyons sœurs d'infortune,
Et la vôtre et la mienne ont un si grand rapport
Que nous pouvons mêler toutes les deux en une,
Et, dans notre juste transport,
Murmurer à plainte commune
Des cruautés de notre sort.
Quelle fatalité secrète,
Ma sœur, soumet tout l'univers
Aux attraits de notre cadette,

Et, de tant de princes divers
Qu'en ces lieux la fortune jette,
N'en présente aucun à nos fers ?
Quoi ! voir de toutes parts, pour lui rendre les armes,
Les cœurs se précipiter,
Et passer devant nos charmes
Sans s'y vouloir arrêter ?
Quel sort ont nos yeux en partage,
Et qu'est-ce qu'ils ont fait aux dieux,
De ne jouir d'aucun hommage,
Parmi tous ces tributs de soupirs glorieux
Dont le superbe avantage
Fait triompher d'autres yeux ?
Est-il pour nous, ma sœur, de plus rude disgrâce
Que de voir tous les cœurs mépriser nos appas,
Et l'heureuse Psyché jouir avec audace
D'une foule d'amants attachés à ses pas?

CIDYPPE.

Ah ! ma sœur, c'est une aventure
A faire perdre la raison,
Et tous les maux de la nature
Ne sont rien en comparaison.

AGLAURE.

Pour moi, j'en suis souvent jusqu'à verser des larmes;
Tout plaisir, tout repos, par là m'est arraché ;
Contre un pareil malheur ma constance est sans armes;
Toujours à ce chagrin mon esprit attaché
Me tient devant les yeux la honte de nos charmes
Et le triomphe de Psyché.

La nuit, il m'en repasse une idée éternelle
Qui sur toute chose prévaut ;
Rien ne me peut chasser cette image cruelle,
Et, dès qu'un doux sommeil me vient délivrer d'elle,
Dans mon esprit aussitôt
Quelque songe la rappelle
Qui me réveille en sursaut.

CIDYPPE.

Ma sœur, voilà mon martyre ;
Dans vos discours je me voi,
Et vous venez là de dire
Tout ce qui se passe en moi.

AGLAURE.

Mais encor, raisonnons un peu sur cette affaire.
Quels charmes si puissants en elle sont épars?
Et par où, dites-moi, du grand secret de plaire
L'honneur est-il acquis à ses moindres regards ?
Que voit-on dans sa personne
Pour inspirer tant d'ardeurs ?
Quel droit de beauté lui donne
L'empire de tous les cœurs?
Elle a quelques attraits, quelque éclat de jeunesse :
On en tombe d'accord, je n'en disconviens pas;
Mais lui cède-t-on fort pour quelque peu d'aînesse,
Et se voit-on sans appas?
Est-on d'une figure à faire qu'on se raille?
N'a-t-on point quelques traits et quelques agréments,
Quelque teint, quelques yeux, quelque air et quelque taille,
A pouvoir dans nos fers jeter quelques amants?

Ma sœur, faites-moi la grâce
De me parler franchement :
Suis-je faite d'un air, à votre jugement,
Que mon mérite au sien doive céder la place,
Et dans quelque ajustement
Trouvez-vous qu'elle m'efface ?

CIDYPPE.

Qui ? vous, ma sœur ? Nullement.
Hier à la chasse, près d'elle,
Je vous regardai longtemps,
Et, sans vous donner d'encens,
Vous me parûtes plus belle.
Mais moi, dites, ma sœur, sans me vouloir flatter,
Sont-ce des visions que je me mets en tête
Quand je me crois taillée à pouvoir mériter
La gloire de quelque conquête ?

AGLAURE.

Vous, ma sœur, vous avez, sans nul déguisement,
Tout ce qui peut causer une amoureuse flamme ;
Vos moindres actions brillent d'un agrément
Dont je me sens toucher l'âme ;
Et je serois votre amant
Si j'étois autre que femme.

CIDYPPE.

D'où vient donc qu'on la voit l'emporter sur nous deux,
Qu'à ses premiers regards les cœurs rendent les armes,
Et que d'aucun tribut de soupirs et de vœux
On ne fait honneur à nos charmes ?

AGLAURE.

Toutes les dames, d'une voix,
Trouvent ses attraits peu de chose,
Et du nombre d'amants qu'elle tient sous ses lois,
Ma sœur, j'ai découvert la cause.

CIDYPPE.

Pour moi, je la devine, et l'on doit présumer
Qu'il faut que là-dessous soit caché du mystère :
Ce secret de tout enflammer
N'est point de la nature un effet ordinaire;
L'art de la Thessalie entre dans cette affaire,
Et quelque main a su sans doute lui former
Un charme pour se faire aimer.

AGLAURE.

Sur un plus fort appui ma croyance se fonde,
Et le charme qu'elle a pour attirer les cœurs,
C'est un air en tout temps désarmé de rigueurs,
Des regards caressants que la bouche seconde,
Un souris chargé de douceurs,
Qui tend les bras à tout le monde
Et ne vous promet que faveurs.
Notre gloire n'est plus aujourd'hui conservée,
Et l'on n'est plus au temps de ces nobles fiertés
Qui par un digne essai d'illustres cruautés
Voulaient voir d'un amant la constance éprouvée.
De tout ce noble orgueil qui nous seyoit si bien
On est bien descendu, dans le siècle où nous sommes,
Et l'on en est réduite à n'espérer plus rien,

A moins que l'on se jette à la tête des hommes.

CIDYPPE.

Oui, voilà le secret de l'affaire, et je voi
Que vous le prenez mieux que moi.
C'est pour nous attacher à trop de bienséance
Qu'aucun amant, ma sœur, à nous ne veut venir,
Et nous voulons trop soutenir
L'honneur de notre sexe et de notre naissance.
Les hommes maintenant aiment ce qui leur rit;
L'espoir, plus que l'amour, est ce qui les attire,
Et c'est par là que Psyché nous ravit
Tous les amants qu'on voit sous son empire.
Suivons, suivons l'exemple, ajustons-nous au temps,
Abaissons-nous, ma sœur, à faire des avances,
Et ne ménageons plus de tristes bienséances
Qui nous ôtent les fruits du plus beau de nos ans.

AGLAURE.

J'approuve la pensée, et nous avons matière
D'en faire l'épreuve première
Aux deux princes qui sont les derniers arrivés.
Ils sont charmants, ma sœur, et leur personne entière
Me... Les avez-vous observés?

CIDYPPE.

Ah! ma sœur, ils sont faits tous deux d'une manière
Que mon âme... Ce sont deux princes achevés.

AGLAURE.

Je trouve qu'on pourroit rechercher leur tendresse
Sans se faire déshonneur.

CIDYPPE.

Je trouve que sans honte une belle princesse
Leur pourroit donner son cœur.

SCÈNE II

CLÉOMÈNE, AGÉNOR, AGLAURE, CIDYPPE.

AGLAURE.

Les voici tous deux, et j'admire
Leur air et leur ajustement.

CIDYPPE.

Ils ne démentent nullement
Tout ce que nous venons de dire.

AGLAURE.

D'où vient, Princes, d'où viens que vous fuyez ainsi?
Prenez-vous l'épouvante en nous voyant paraître?

CLÉOMÈNE.

On nous faisoit croire qu'ici
La princesse Psyché, Madame, pourroit être.

AGLAURE.

Tous ces lieux n'ont-ils rien d'agréable pour vous
Si vous ne les voyez ornés de sa présence ?

AGÉNOR.

Ces lieux peuvent avoir des charmes assez doux ;
Mais nous cherchons Psyché dans notre impatience.

CIDYPPE.

Quelque chose de bien pressant
Vous doit à la chercher pousser tous deux sans doute.

CLÉOMÈNE.

Le motif est assez puissant,
Puisque notre fortune enfin en dépend toute.

AGLAURE.

Ce seroit trop à nous que de nous informer
Du secret que ces mots nous peuvent enfermer.

CLÉOMÈNE.

Nous ne prétendons point en faire de mystère :
Aussi bien, malgré nous, paraîtroit-il au jour,
Et le secret ne dure guère,
Madame, quand c'est de l'amour.

CIDYPPE.

Sans aller plus avant, Princes, cela veut dire
Que vous aimez Psyché tous deux.

AGÉNOR.

Tous deux soumis à son empire,
Nous allons de concert lui découvrir nos feux.

AGLAURE.

C'est une nouveauté sans doute assez bizarre
Que deux rivaux si bien unis.

CLÉOMÈNE.

Il est vrai que la chose est rare,
Mais non pas impossible à deux parfaits amis.

CIDYPPE.

Est-ce que dans ces lieux il n'est qu'elle de belle,
Et n'y trouvez-vous point à séparer vos vœux ?

AGLAURE.

Parmi l'éclat du sang, vos yeux n'ont-ils vu qu'elle
A pouvoir mériter vos feux ?

CLÉOMÈNE.

Est-ce que l'on consulte au moment qu'on s'enflamme ?
Choisit-on qui l'on veut aimer ?
Et, pour donner toute son âme,
Regarde-t-on quel droit on a de nous charmer ?

AGÉNOR.

Sans qu'on ait le pouvoir d'élire,
On suit, dans une telle ardeur,
Quelque chose qui nous attire ;
Et, lorsque l'amour touche un cœur,
On n'a point de raisons à dire.

AGLAURE.

En vérité, je plains les fâcheux embarras
Où je vois que vos cœurs se mettent :
Vous aimez un objet dont les riants appas
Mêleront des chagrins à l'espoir qu'ils vous jettent,
Et son cœur ne vous tiendra pas
Tout ce que ses yeux vous promettent.

CIDYPPE.

L'espoir qui vous appelle au rang de ses amants
Trouvera du mécompte aux douceurs qu'elle étale ;
Et c'est pour essuyer de très fâcheux moments
Que les soudains retours de son âme inégale.

AGLAURE.

Un clair discernement de ce que vous valez
Nous fait plaindre le sort où cet amour vous guide,

Et vous pouvez trouver tous deux, si vous voulez,
Avec autant d'attraits, une âme plus solide.

CIDYPPE.

Par un choix plus doux de moitié,
Vous pouvez de l'amour sauver votre amitié,
Et l'on voit en vous deux un mérite si rare
Qu'un tendre avis veut bien prévenir par pitié
Ce que votre cœur se prépare.

CLÉOMÈNE.

Cet avis généreux fait, pour nous, éclater
Des bontés qui nous touchent l'âme ;
Mais le Ciel nous réduit à ce malheur, Madame,
De ne pouvoir en profiter.

AGÉNOR.

Votre illustre pitié veut en vain nous distraire
D'un amour dont tous deux nous redoutons l'effet ;
Ce que notre amitié, Madame, n'a pas fait,
Il n'est rien qui le puisse faire.

CIDYPPE.

Il faut que le pouvoir de Psyché... La voici.

SCÈNE III

PSYCHÉ, CIDYPPE, AGLAURE, CLÉOMÈNE, AGÉNOR.

CIDYPPE.

Venez jouir, ma sœur, de ce qu'on vous apprête.

AGLAURE.

Préparez vos attraits à recevoir ici
Le triomphe nouveau d'une illustre conquête.

CIDYPPE.

Ces princes ont tous deux si bien senti vos coups
Qu'à vous le découvrir leur bouche se dispose.

PSYCHÉ.

Du sujet qui les tient si rêveurs parmi nous
    Je ne me croyois pas la cause,
    Et j'aurois cru toute autre chose
    En les voyant parler à vous.

AGLAURE.

    N'ayant ni beauté ni naissance
A pouvoir mériter leur amour et leurs soins,
    Ils nous favorisent au moins
    De l'honneur de la confidence.

CLÉOMÈNE.

L'aveu qu'il nous faut faire à vos divins appas
Est sans doute, Madame, un aveu téméraire ;

Mais tant de cœurs près du trépas
Sont par de tels aveux forcés à vous déplaire,
Que vous êtes réduite à ne les punir pas
Des foudres de votre colère.
Vous voyez en nous deux amis
Qu'un doux rapport d'humeurs sut joindre dès l'enfance,
Et ces tendres liens se sont vus affermis
Par cent combats d'estime et de reconnoissance.
Du Destin ennemi les assauts rigoureux,
Les mépris de la mort et l'aspect des supplices,
Par d'illustres éclats de mutuels offices
Ont de notre amitié signalé les beaux nœuds;
Mais, à quelques essais qu'elle se soit trouvée,
Son grand triomphe est en ce jour,
Et rien ne fait tant voir sa constance éprouvée
Que de se conserver au milieu de l'amour.
Oui, malgré tant d'appas, son illustre constance
Aux lois qu'elle nous fait a soumis tous nos vœux;
Elle vient, d'une douce et pleine déférence,
Remettre à votre choix le succès de nos feux;
Et, pour donner un poids à notre concurrence,
Qui des raisons d'État entraîne la balance
Sur le choix de l'un de nous deux,
Cette même amitié s'offre sans répugnance
D'unir nos deux États au sort du plus heureux.

AGÉNOR.

Oui, de ces deux États, Madame,
Que sous votre heureux choix nous nous offrons d'unir,
Nous voulons faire à notre flamme

Un secours pour vous obtenir.
Ce que pour ce bonheur, près du roi votre père
Nous nous sacrifions tous deux,
N'a rien de difficile à nos cœurs amoureux,
Et c'est au plus heureux faire un don nécessaire
D'un pouvoir dont le malheureux,
Madame, n'aura plus affaire.

PSYCHÉ.

Le choix que vous m'offrez, Princes, montre à mes yeux
De quoi remplir les vœux de l'âme la plus fière,
Et vous me le parez tous deux d'une manière
Qu'on ne peut rien offrir qui soit plus précieux.
Vos feux, votre amitié, votre vertu suprême,
Tout me relève en vous l'offre de votre foi,
Et j'y vois un mérite à s'opposer lui-même
A ce que vous voulez de moi.
Ce n'est pas à mon cœur qu'il faut que je défère
Pour entrer sous de tels liens :
Ma main, pour se donner, attend l'ordre d'un père,
Et mes sœurs ont des droits qui vont devant les miens.
Mais, si l'on me rendoit sur mes vœux absolue,
Vous y pourriez avoir trop de part à la fois,
Et toute mon estime, entre vous suspendue,
Ne pourroit sur aucun laisser tomber mon choix.
A l'ardeur de votre poursuite
Je répondrois assez de mes vœux les plus doux ;
Mais c'est, parmi tant de mérite,
Trop que deux cœurs pour moi, trop peu qu'un cœur pour vous.
De mes plus doux souhaits j'aurois l'âme gênée

A l'effort de votre amitié,
Et j'y vois l'un de vous prendre une destinée
A me faire trop de pitié.
Oui, Princes, à tous ceux dont l'amour suit le vôtre
Je vous préférerois tous deux avec ardeur ;
Mais je n'aurois jamais le cœur
De pouvoir préférer l'un de vous deux à l'autre.
A celui que je choisirois
Ma tendresse feroit un trop grand sacrifice,
Et je m'imputerois à barbare injustice
Le tort qu'à l'autre je ferois.
Oui, tous deux vous brillez de trop de grandeur d'âme
Pour en faire aucun malheureux,
Et vous devez chercher dans l'amoureuse flamme
Le moyen d'être heureux tous deux.
Si votre cœur me considère
Assez pour me souffrir de disposer de vous,
J'ai deux sœurs capables de plaire,
Qui peuvent bien vous faire un destin assez doux,
Et l'amitié me rend leur personne assez chère
Pour vous souhaiter leurs époux.

CLÉOMÈNE.

Un cœur dont l'amour est extrême
Peut-il bien consentir, hélas !
D'être donné par ce qu'il aime ?
Sur nos deux cœurs, Madame, à vos divins appas
Nous donnons un pouvoir suprême :
Disposez-en pour le trépas ;
Mais pour une autre que vous-même

Ayez cette bonté de n'en disposer pas.

AGÉNOR.

Aux princesses, Madame, on feroit trop d'outrage,
Et c'est pour leurs attraits un indigne partage
Que les restes d'une autre ardeur ;
Il faut d'un premier feu la pureté fidèle
Pour aspirer à cet honneur
Où votre bonté nous appelle,
Et chacune mérite un cœur
Qui n'ait soupiré que pour elle.

AGLAURE.

Il me semble, sans nul courroux,
Qu'avant que de vous en défendre,
Princes, vous deviez bien attendre
Qu'on se fût expliqué sur vous.
Nous croyez-vous un cœur si facile et si tendre ?
Et, lors qu'on parle ici de vous donner à nous,
Savez-vous si l'on veut vous prendre ?

CIDYPPE.

Je pense que l'on a d'assez hauts sentiments
Pour refuser un cœur qu'il faut qu'on sollicite,
Et qu'on ne veut devoir qu'à son propre mérite
La conquête de ses amants.

PSYCHÉ.

J'ai cru pour vous, mes sœurs, une gloire assez grande,
Si la possession d'un mérite si haut...

SCÈNE IV

LYCAS, PSYCHÉ, AGLAURE, CIDYPPE, CLÉOMÈNE, AGÉNOR

LYCAS.

Ah! Madame!

PSYCHÉ.

Qu'as-tu?

LYCAS.

Le Roi...

PSYCHÉ.

Quoi?

LYCAS.

Vous demande.

PSYCHÉ.

De ce trouble si grand que faut-il que j'attende?

LYCAS.

Vous ne le saurez que trop tôt.

PSYCHÉ.

Hélas! que pour le Roi tu me donnes à craindre!

LYCAS.

Ne craignez que pour vous, c'est vous que l'on doit plaindre.

PSYCHÉ.

C'est pour louer le Ciel et me voir hors d'effroi,
De savoir que je n'aie à craindre que pour moi.
Mais apprends-moi, Lycas, le sujet qui te touche.

LYCAS.

Souffrez que j'obéisse à qui m'envoie ici,
Madame, et qu'on vous laisse apprendre de sa bouche
Ce qui peut m'affliger ainsi.

PSYCHÉ.

Allons savoir sur quoi l'on craint tant ma faiblesse.

SCÈNE V

AGLAURE, CIDYPPE, LYCAS.

AGLAURE.

Si ton ordre n'est pas jusqu'à nous étendu,
Dis-nous quel grand malheur nous couvre ta tristesse.

LYCAS.

Hélas ! ce grand malheur, dans la cour répandu,
Voyez-le vous-même, Princesse,
Dans l'oracle qu'au Roi les Destins ont rendu.
Voici ses propres mots, que la douleur, Madame,
A gravés au fond de mon âme :

Que l'on ne pense nullement
A vouloir de Psyché conclure l'hyménée,
Mais qu'au sommet d'un mont elle soit promptement
En pompe funèbre menée,
Et que, de tous abandonnée,
Pour époux elle attende en ces lieux constamment
Un monstre dont on a la vue empoisonnée,

Un serpent qui répand son venin en tous lieux
Et trouble dans sa rage et la terre et les cieux.

Après un arrêt si sévère,
Je vous quitte, et vous laisse à juger entre vous
Si par de plus cruels et plus sensibles coups
Tous les dieux nous pouvoient expliquer leur colère.

SCÈNE VI

AGLAURE, CIDYPPE.

CIDYPPE.

Ma sœur, que sentez-vous à ce soudain malheur
Où nous voyons Psyché par les Destins plongée ?

AGLAURE.

Mais vous, que sentez-vous, ma sœur ?

CIDYPPE.

A ne vous point mentir, je sens que dans mon cœur
Je n'en suis pas trop affligée.

AGLAURE.

Moi, je sens quelque chose au mien
Qui ressemble assez à la joie.
Allons, le Destin nous envoie
Un mal que nous pouvons regarder comme un bien.

PREMIER INTERMÈDE

La scène est changée en des rochers affreux, et fait voir en éloignement une grotte effroyable.

C'est dans ce désert que Psyché doit être exposée pour obéir à l'oracle. Une troupe de personnes affligées y viennent déplorer sa disgrâce. Une partie de cette troupe désolée témoigne sa pitié par des plaintes touchantes et par des concerts lugubres, et l'autre exprime sa désolation par une danse pleine de toutes les marques du plus violent désespoir.

PLAINTES EN ITALIEN

Chantées par une femme désolée et deux hommes affligés.

FEMME DÉSOLÉE.

Deh! piangete al pianto mio,
Sassi duri, antiche selve;
Lagrimate, fonti e belve,
D'un bel volto il fato rio.

PREMIER HOMME AFFLIGÉ.

Ahi dolore!

DEUXIÈME HOMME AFFLIGÉ.

Ahi martire!

PREMIER HOMME AFFLIGÉ.

Cruda morte!

DEUXIÈME HOMME AFFLIGÉ.

Empia sorte !

TOUS TROIS.

Che condamni a morir tanta beltà,
Cieli, stelle, ahi crudeltà !

DEUXIÈME HOMME AFFLIGÉ.

Com' esser può fra voi, o Numi eterni,
Chi voglia estinta una beltà innocente ?
Ahi ! che tanto rigor, Cielo inclemente,
Vince di crudeltà gli stessi Inferni.

PREMIER HOMME AFFLIGÉ.

Nume fiero !

DEUXIÈME HOMME AFFLIGÉ.

Dio severo !

ENSEMBLE.

Perchè tanto rigor
Contro innocente cor ?
Ahi ! sentenza inudita,
Dar morte a la Beltà, ch' altrui dà vita !

FEMME DÉSOLÉE.

Ahi ! ch' indarno si tarda !
Non resiste a li Dei mortale affetto ;
Alto impero ne sforza :
Ove comanda il Ciel, l'uom cede a forza.
Ahi dolore ! etc. Come sopra.

(Ces plaintes sont entrecoupées et finies par une entrée de ballet de huit personnes affligées.)

ACTE II

SCÈNE PREMIÈRE

LE ROI, PSYCHÉ, AGLAURE, CIDYPPE,
LYCAS, Suite.

Psyché.

De vos larmes, Seigneur, la source m'est bien chère ;
Mais c'est trop aux bontés que vous avez pour moi
Que de laisser régner les tendresses de père
Jusque dans les yeux d'un grand roi.
Ce qu'on vous voit ici donner à la nature
Au rang que vous tenez, Seigneur, fait trop d'injure,
Et j'en dois refuser les touchantes faveurs.
Laissez moins sur votre sagesse
Prendre d'empire à vos douleurs,
Et cessez d'honorer mon destin par des pleurs
Qui dans le cœur d'un roi montrent de la faiblesse.

Le Roi.

Ah ! ma fille, à ces pleurs laisse mes yeux ouverts ;

Mon deuil est raisonnable, encor qu'il soit extrême,
Et, lors que pour toujours on perd ce que je perds,
La sagesse, crois-moi, peut pleurer elle-même.
En vain l'orgueil du diadème
Veut qu'on soit insensible à ces cruels revers,
En vain de la raison les secours sont offerts
Pour vouloir d'un œil sec voir mourir ce qu'on aime :
L'effort en est barbare aux yeux de l'univers,
Et c'est brutalité plus que vertu suprême.
Je ne veux point, dans cette adversité,
Parer mon cœur d'insensibilité
Et cacher l'ennui qui me touche ;
Je renonce à la vanité
De cette dureté farouche
Que l'on appelle fermeté ;
Et, de quelque façon qu'on nomme
Cette vive douleur dont je ressens les coups,
Je veux bien l'étaler, ma fille, aux yeux de tous,
Et dans le cœur d'un roi montrer le cœur d'un homme.

PSYCHÉ.

Je ne mérite pas cette grande douleur :
Opposez opposez un peu de résistance
Aux droits qu'elle prend sur un cœur
Dont mille événements ont marqué la puissance.
Quoi ! faut-il que pour moi vous renonciez, Seigneur,
A cette royale constance
Dont vous avez fait voir, dans les coups du malheur,
Une fameuse expérience?

LE ROI.

La constance est facile en mille occasions.
Toutes les révolutions
Où nous peut exposer la fortune inhumaine,
La perte des grandeurs, les persécutions,
Le poison de l'envie et les traits de la haine,
N'ont rien que ne puissent sans peine
Braver les résolutions
D'une âme où la raison est un peu souveraine.
Mais ce qui porte des rigueurs
A faire succomber les cœurs
Sous le poids des douleurs amères,
Ce sont, ce sont les rudes traits
De ces fatalités sévères
Qui nous enlèvent pour jamais
Les personnes qui nous sont chères.
La raison contre de tels coups
N'offre point d'armes secourables,
Et voilà des dieux en courroux
Les foudres les plus redoutables
Qui se puissent lancer sur nous !

PSYCHÉ.

Seigneur, une douceur ici vous est offerte :
Votre hymen a reçu plus d'un présent des dieux,
Et, par une faveur ouverte,
Ils ne vous ôtent rien, en m'ôtant à vos yeux,
Dont ils n'aient pris le soin de réparer la perte.
Il vous reste de quoi consoler vos douleurs,
Et cette loi du Ciel, que vous nommez cruelle,

Dans les deux princesses mes sœurs
Laisse à l'amitié paternelle
Où placer toutes ses douceurs.

LE ROI.

Ah ! de mes maux soulagement frivole !
Rien, rien ne s'offre à moi qui de toi me console ;
C'est sur mes déplaisirs que j'ai les yeux ouverts,
Et, dans un destin si funeste,
Je regarde ce que je perds
Et ne vois point ce qui me reste.

PSYCHÉ.

Vous savez mieux que moi qu'aux volontés des dieux,
Seigneur, il faut régler les nôtres,
Et je ne puis vous dire, en ces tristes adieux,
Que ce que beaucoup mieux vous pouvez dire aux autres :
Ces dieux sont maîtres souverains
Des présents qu'ils daignent nous faire ;
Ils ne les laissent dans nos mains
Qu'autant de temps qu'il peut leur plaire.
Lorsqu'ils viennent les retirer,
On n'a nul droit de murmurer
Des grâces que leur main ne veut plus nous étendre.
Seigneur, je suis un don qu'ils ont fait à vos vœux,
Et, quand par cet arrêt ils veulent me reprendre,
Ils ne vous ôtent rien que vous ne teniez d'eux,
Et c'est sans murmurer que vous devez me rendre.

LE ROI.

Ah ! cherche un meilleur fondement
Aux consolations que ton cœur me présente,

Et de la fausseté de ce raisonnement
Ne fais point un accablement
A cette douleur si cuisante
Dont je souffre ici le tourment.
Crois-tu là me donner une raison puissante
Pour ne me plaindre point de cet arrêt des Cieux ?
Et dans le procédé des dieux,
Dont tu veux que je me contente,
Une rigueur assassinante
Ne paroît-elle pas aux yeux ?
Vois l'état où ces dieux me forcent à te rendre,
Et l'autre où te reçut mon cœur infortuné :
Tu connoîtras par là qu'ils me viennent reprendre
Bien plus que ce qu'ils m'ont donné.
Je reçus d'eux en toi, ma fille,
Un présent que mon cœur ne leur demandoit pas ;
J'y trouvois alors peu d'appas,
Et leur en vis sans joie accroître ma famille.
Mais mon cœur, ainsi que mes yeux,
S'est fait de ce présent une douce habitude ;
J'ai mis quinze ans de soins, de veilles et d'étude
A me le rendre précieux ;
Je l'ai paré de l'aimable richesse
De mille brillantes vertus ;
En lui j'ai renfermé par des soins assidus
Tous les plus beaux trésors que fournit la sagesse ;
A lui j'ai de mon âme attaché la tendresse ;
J'en ai fait de ce cœur le charme et l'allégresse,
La consolation de mes sens abattus,

Le doux espoir de ma vieillesse.
Ils m'ôtent tout cela, ces dieux,
Et tu veux que je n'aie aucun sujet de plainte
Sur cet affreux arrêt dont je souffre l'atteinte ?
Ah ! leur pouvoir se joue avec trop de rigueur
Des tendresses de notre cœur !
Pour m'ôter leur présent, leur falloit-il attendre
Que j'en eusse fait tout mon bien ?
Ou plutôt, s'ils avoient dessein de le reprendre,
N'eût-il pas été mieux de ne me donner rien ?

PSYCHÉ.

Seigneur, redoutez la colère
De ces dieux contre qui vous osez éclater.

LE ROI.

Après ce coup, que peuvent-ils me faire ?
Ils m'ont mis en état de ne rien redouter.

PSYCHÉ.

Ah ! Seigneur, je tremble des crimes
Que je vous fais commettre, et je dois me haïr...

LE ROI.

Ah ! qu'ils souffrent du moins mes plaintes légitimes ;
Ce m'est assez d'effort que de leur obéir.
Ce doit leur être assez que mon cœur t'abandonne
Au barbare respect qu'il faut qu'on ait pour eux,
Sans prétendre gêner la douleur que me donne
L'épouvantable arrêt d'un sort si rigoureux.
Mon juste désespoir ne sauroit se contraindre ;
Je veux, je veux garder ma douleur à jamais,
Je veux sentir toujours la perte que je fais,

De la rigueur du Ciel je veux toujours me plaindre,
Je veux jusqu'au trépas incessamment pleurer
Ce que tout l'univers ne peut me réparer.

PSYCHÉ.

Ah ! de grâce, Seigneur, épargnez ma faiblesse,
J'ai besoin de constance en l'état où je suis ;
Ne fortifiez point l'excès de mes ennuis
Des larmes de votre tendresse.
Seuls ils sont assez forts, et c'est trop, pour mon cœur,
De mon destin et de votre douleur.

LE ROI.

Oui, je dois t'épargner mon deuil inconsolable.
Voici l'instant fatal de m'arracher de toi ;
Mais comment prononcer ce mot épouvantable?
Il le faut toutefois, le Ciel m'en fait la loi ;
Une rigueur inévitable
M'oblige à te laisser en ce funeste lieu.
Adieu ; je vais... Adieu.

(Ce qui suit, jusqu'à la fin de la pièce, est de M. C., à la réserve de la première scène du troisième acte, qui est de la même main que ce qui a précédé.)

SCÈNE II

PSYCHÉ, AGLAURE, CIDYPPE.

PSYCHÉ.

Suivez le Roi, mes sœurs, vous essuierez ses larmes,

Vous adoucirez ses douleurs,
Et vous l'accableriez d'alarmes
Si vous vous exposiez encor à mes malheurs.
Conservez-lui ce qui lui reste :
Le serpent que j'attends peut vous être funeste,
Vous envelopper dans mon sort,
Et me porter en vous une seconde mort.
Le Ciel m'a seule condamnée
A son haleine empoisonnée ;
Rien ne sauroit me secourir,
Et je n'ai pas besoin d'exemple pour mourir.

AGLAURE.

Ne nous enviez pas ce cruel avantage
De confondre nos pleurs avec vos déplaisirs,
De mêler nos soupirs à vos derniers soupirs ;
D'une tendre amitié souffrez ce dernier gage.

PSYCHÉ.

C'est vous perdre inutilement.

CIDYPPE.

C'est en votre faveur espérer un miracle,
Ou vous accompagner jusques au monument.

PSYCHÉ.

Que peut-on se promettre après un tel oracle ?

AGLAURE.

Un oracle jamais n'est sans obscurité :
On l'entend d'autant moins que mieux on croit l'entendre,
Et peut-être, après tout, n'en devez-vous attendre
Que gloire et que félicité.
Laissez-nous voir, ma sœur, par une digne issue,

Cette frayeur mortelle heureusement déçue,
Ou mourir du moins avec vous,
Si le ciel à nos vœux ne se montre plus doux.

PSYCHÉ.

Ma sœur, écoutez mieux la voix de la nature,
Qui vous appelle auprès du Roi.
Vous m'aimez trop, le devoir en murmure;
Vous en savez l'indispensable loi :
Un père vous doit être encor plus cher que moi.
Rendez-vous toutes deux l'appui de sa vieillesse;
Vous lui devez chacune un gendre et des neveux :
Mille rois à l'envi vous gardent leur tendresse,
Mille rois à l'envi vous offriront leurs vœux.
L'oracle me veut seule, et seule aussi je veux
Mourir, si je puis, sans faiblesse,
Ou ne vous avoir pas pour témoins toutes deux
De ce que, malgré moi, la nature m'en laisse.

AGLAURE.

Partager vos malheurs, c'est vous importuner.

CIDYPPE.

J'ose dire un peu plus, ma sœur, c'est vous déplaire.

PSYCHÉ.

Non, mais enfin c'est me gêner,
Et peut-être du Ciel redoubler la colère.

AGLAURE.

Vous le voulez, et nous partons.
Daigne ce même Ciel, plus juste et moins sévère,
Vous envoyer le sort que nous vous souhaitons
Et que notre amitié sincère,

En dépit de l'oracle et malgré vous, espère.

PSYCHÉ.

Adieu ; c'est un espoir, ma sœur, et des souhaits
Qu'aucun des dieux ne remplira jamais.

SCÈNE III

PSYCHÉ, SEULE.

Enfin, seule et toute à moi-même,
Je puis envisager cet affreux changement
Qui du haut d'une gloire extrême
Me précipite au monument.
Cette gloire étoit sans seconde,
L'éclat s'en répandoit jusqu'aux deux bouts du monde.
Tout ce qu'il a de rois sembloient faits pour m'aimer ;
Tous leurs sujets, me prenant pour déesse,
Commençoient à m'accoutumer
Aux encens qu'ils m'offroient sans cesse ;
Leurs soupirs me suivoient sans qu'il m'en coûtât rien ;
Mon âme restoit libre en captivant tant d'âmes,
Et j'étois, parmi tant de flammes,
Reine de tous les cœurs et maîtresse du mien.
O Ciel ! m'auriez-vous fait un crime
De cette insensibilité ?
Déployez-vous sur moi tant de sévérité
Pour n'avoir à leurs vœux rendu que de l'estime ?
Si vous m'imposiez cette loi

Qu'il fallût faire un choix pour ne pas vous déplaire,
Puisque je ne pouvois le faire,
Que ne le faisiez-vous pour moi?
Que ne m'inspiriez-vous ce qu'inspire à tant d'autres
Le mérite, l'amour, et... Mais que vois-je ici?

SCÈNE IV

CLÉOMÈNE, AGÉNOR, PSYCHÉ.

CLÉOMÈNE.

Deux amis, deux rivaux, dont l'unique souci
Est d'exposer leurs jours pour conserver les vôtres.

PSYCHÉ.

Puis-je vous écouter quand j'ai chassé deux sœurs?
Princes, contre le Ciel pensez-vous me défendre?
Vous livrer au serpent qu'ici je dois attendre,
Ce n'est qu'un désespoir qui sied mal aux grands cœurs;
Et mourir alors que je meurs,
C'est accabler une âme tendre
Qui n'a que trop de ses douleurs.

AGÉNOR.

Un serpent n'est pas invincible;
Cadmus, qui n'aimoit rien, défit celui de Mars:
Nous aimons, et l'Amour sait rendre tout possible
Au cœur qui suit ses étendards,
A la main dont lui-même il conduit tous les dards.

PSYCHÉ.

Voulez-vous qu'il vous serve en faveur d'une ingrate
Que tous ces traits n'ont pu toucher ?
Qu'il dompte sa vengeance au moment qu'elle éclate,
Et vous aide à m'en arracher ?
Quand même vous m'auriez servie,
Quand vous m'auriez rendu la vie,
Quel fruit espérez-vous de qui ne peut aimer ?

CLÉOMÈNE.

Ce n'est point par l'espoir d'un si charmant salaire
Que nous nous sentons animés :
Nous ne cherchons qu'à satisfaire
Aux devoirs d'un amour qui n'ose présumer
Que jamais, quoi qu'il puisse faire,
Il soit capable de vous plaire
Et digne de vous enflammer.
Vivez, belle Princesse, et vivez pour un autre :
Nous le verrons d'un œil jaloux,
Nous en mourrons, mais d'un trépas plus doux
Que s'il nous falloit voir le vôtre.
Et, si nous ne mourons en vous sauvant le jour,
Quelque amour qu'à nos yeux vous préfériez au nôtre,
Nous voulons bien mourir de douleur et d'amour.

PSYCHÉ.

Vivez, Princes, vivez, et de ma destinée
Ne songez plus à rompre ou partager la loi :
Je crois vous l'avoir dit, le Ciel ne veut que moi,
Le Ciel m'a seule condamnée.
Je pense ouïr déjà les mortels sifflements

De son ministre qui s'approche;
Ma frayeur me le peint, me l'offre à tous moments,
Et, maîtresse qu'elle est de tous mes sentiments,
Elle me le figure au haut de cette roche.
J'en tombe de faiblesse, et mon cœur abattu
Ne soutient plus qu'à peine un reste de vertu.
Adieu, Princes, fuyez, qu'il ne vous empoisonne.

AGÉNOR.

Rien ne s'offre à nos yeux encor qui les étonne.
Et, quand vous vous peignez un si proche trépas,
Si la force vous abandonne,
Nous avons des cœurs et des bras
Que l'espoir n'abandonne pas.
Peut-être qu'un rival a dicté cet oracle,
Que l'or a fait parler celui qui l'a rendu:
Ce ne seroit pas un miracle
Que pour un dieu muet un homme eût répondu,
Et dans tous les climats on n'a que trop d'exemples
Qu'il est, ainsi qu'ailleurs, des méchants dans les temples.

CLÉOMÈNE.

Laissez-nous opposer au lâche ravisseur
A qui le sacrilège indignement vous livre
Un amour qu'a le Ciel choisi pour défenseur
De la seule beauté pour qui nous voulons vivre.
Si nous n'osons prétendre à sa possession,
Du moins en son péril permettez-nous de suivre
L'ardeur et les devoirs de notre passion.

PSYCHÉ.

Portez-les à d'autres moi-mêmes,

Princes, portez-les à mes sœurs,
Ces devoirs, ces ardeurs extrêmes,
Dont pour moi sont remplis vos cœurs.
Vivez pour elles quand je meurs,
Plaignez de mon destin les funestes rigueurs
Sans leur donner en vous de nouvelles matières :
Ce sont mes volontés dernières,
Et l'on a reçu de tout temps
Pour souveraines lois les ordres des mourants.

CLÉOMÈNE.

Princesse...

PSYCHÉ.

Encor un coup, Princes, vivez pour elles.
Tant que vous m'aimerez vous devez m'obéir;
Ne me réduisez pas à vouloir vous haïr,
Et vous regarder en rebelles
A force de m'être fidèles.
Allez, laissez-moi seule expirer en ce lieu
Où je n'ai plus de voix que pour vous dire adieu.
Mais je sens qu'on m'enlève, et l'air m'ouvre une route
D'où vous n'entendrez plus cette mourante voix.
Adieu, Princes, adieu pour la dernière fois ;
Voyez si de mon sort vous pouvez être en doute.
(*Elle est enlevée en l'air par deux Zéphires.*)

AGÉNOR.

Nous la perdons de vue. Allons tous deux chercher
Sur le faîte de ce rocher,
Prince, les moyens de la suivre.

CLÉOMÈNE.

Allons-y chercher ceux de ne lui point survivre.

SCÈNE V

L'AMOUR, EN L'AIR.

Allez mourir, rivaux d'un dieu jaloux,
Dont vous méritez le courroux
Pour avoir eu le cœur sensible aux mêmes charmes.
Et toi, forge, Vulcain, mille brillants attraits
Pour orner un palais
Où l'Amour de Psyché veut essuyer les larmes,
Et lui rendre les armes.

SECOND INTERMÈDE

La scène se change en une cour magnifique, ornée de colonnes de lapis enrichies de figures d'or, qui forment un palais pompeux et brillant que l'Amour destine pour Psyché. Six Cyclopes avec quatre Fées y font une entrée de ballet, où ils achèvent en cadence quatre gros vases d'argent que les Fées leur ont apportés. Cette entrée est entrecoupée par ce récit de Vulcain, qu'il fait à deux reprises :

PREMIER COUPLET.

Dépêchez, préparez ces lieux
Pour le plus aimable des dieux ;
Que chacun pour lui s'intéresse,
N'oubliez rien des soins qu'il faut :
Quand l'Amour presse,
On n'a jamais fait assez tôt.

L'Amour ne veut point qu'on diffère ;
Travaillez, hâtez-vous,
Frappez, redoublez vos coups ;
Que l'ardeur de lui plaire
Fasse vos soins les plus doux.

SECOND COUPLET.

Servez bien un dieu si charmant :
Il se plaît dans l'empressement.
Que chacun pour lui s'intéresse,
N'oubliez rien des soins qu'il faut :
Quand l'Amour presse,
On n'a jamais fait assez tôt.

L'Amour ne veut point qu'on diffère,
Travaillez, etc.

ACTE III

SCÈNE PREMIÈRE

L'AMOUR, ZÉPHIRE.

ZÉPHIRE.

Oui, je me suis galamment acquitté
De la commission que vous m'avez donnée,
Et du haut du rocher je l'ai, cette beauté,
Par le milieu des airs doucement amenée
Dans ce beau palais enchanté,
Où vous pouvez en liberté
Disposer de sa destinée.
Mais vous me surprenez par ce grand changement
Qu'en votre personne vous faites :
Cette taille, ces traits et cet ajustement
Cachent tout à fait qui vous êtes,
Et je donne aux plus fins à pouvoir en ce jour
Vous reconnoître pour l'Amour.

L'AMOUR.

Aussi ne veux-je pas qu'on puisse me connoître.
Je ne veux à Psyché découvrir que mon cœur,
Rien que les beaux transports de cette vive ardeur
Que ses doux charmes y font naître ;
Et, pour en exprimer l'amoureuse langueur
Et cacher ce que je puis être
Aux yeux qui m'imposent des lois,
J'ai pris la forme que tu vois.

ZÉPHIRE.

En tout vous êtes un grand maître ;
C'est ici que je le connois.
Sous des déguisements de diverse nature
On a vu les dieux amoureux
Chercher à soulager cette douce blessure
Que reçoivent les cœurs de vos traits pleins de feux ;
Mais en bon sens vous l'emportez sur eux,
Et voilà la bonne figure
Pour avoir un succès heureux
Près de l'aimable sexe où l'on porte ses vœux.
Oui, de ces formes-là l'assistance est bien forte,
Et, sans parler ni de rang ni d'esprit,
Qui peut trouver moyen d'être fait de la sorte
Ne soupire guère à crédit.

L'AMOUR.

J'ai résolu, mon cher Zéphire,
De demeurer ainsi toujours,
Et l'on ne peut le trouver à redire
A l'aîné de tous les Amours.

Il est temps de sortir de cette longue enfance
Qui fatigue ma patience ;
Il est temps désormais que je devienne grand.

ZÉPHIRE.

Fort bien, vous ne pouvez mieux faire,
Et vous entrez dans un mystère.
Qui ne demande rien d'enfant.

L'AMOUR.

Ce changement sans doute irritera ma mère.

ZÉPHIRE.

Je prévois là-dessus quelque peu de colère.
Bien que les disputes des ans
Ne doivent point régner parmi des immortelles,
Votre mère Vénus est de l'humeur des belles,
Qui n'aiment point de grands enfants.
Mais où je la trouve outragée,
C'est dans le procédé que l'on vous voit tenir,
Et c'est l'avoir étrangement vengée
Que d'aimer la beauté qu'elle vouloit punir !
Cette haine où ses vœux prétendent que réponde
La puissance d'un fils que redoutent les dieux...

L'AMOUR.

Laissons cela, Zéphire, et me dis si tes yeux
Ne trouvent pas Psyché la plus belle du monde?
Est-il rien sur la terre, est-il rien dans les cieux
Qui puisse lui ravir le titre glorieux
De beauté sans seconde?
Mais je la vois, mon cher Zéphire,
Qui demeure surprise à l'éclat de ces lieux.

ZÉPHIRE.

Vous pouvez vous montrer pour finir son martyre,
    Lui découvrir son destin glorieux,
Et vous dire entre vous tout ce que peuvent dire
        Les soupirs, la bouche et les yeux.
En confident discret, je sais ce qu'il faut faire
Pour ne pas interrompre un amoureux mystère.

SCÈNE II

PSYCHÉ.

Où suis-je ? et, dans un lieu que je croyais barbare,
Quelle savante main a bâti ce palais,
        Que l'art, que la nature pare
        De l'assemblage le plus rare
        Que l'œil puisse admirer jamais ?
        Tout rit, tout brille, tout éclate,
    Dans ces jardins, dans ces appartements,
        Dont les pompeux ameublements
        N'ont rien qui n'enchante et ne flatte ;
Et, de quelque côté que tournent mes frayeurs,
Je ne vois sous mes pas que de l'or ou des fleurs.

Le Ciel auroit-il fait cet amas de merveilles
        Pour la demeure d'un serpent ?
Et, lorsque par leur vue il amuse et suspend
De mon destin jaloux les rigueurs sans pareilles,

Veut-il montrer qu'il s'en repent ?
Non, non, c'est de sa haine, en cruautés féconde,
Le plus noir, le plus rude trait
Qui, par une rigueur nouvelle et sans seconde,
N'étale ce choix qu'elle a fait
De ce qu'a de plus beau le monde
Qu'afin que je le quitte avec plus de regret.

Que mon espoir est ridicule,
S'il croit par là soulager mes douleurs !
Tout autant de moments que ma mort se recule
Sont autant de nouveaux malheurs ;
Plus elle tarde, et plus de fois je meurs.

Ne me fais plus languir, viens prendre ta victime,
Monstre qui dois me déchirer ;
Veux-tu que je te cherche, et faut-il que j'anime
Tes fureurs à me dévorer ?
Si le ciel veut ma mort, si ma vie est un crime,
De ce peu qui m'en reste ose enfin t'emparer ;
Je suis lasse de murmurer
Contre un châtiment légitime,
Je suis lasse de soupirer :
Viens, que j'achève d'expirer.

SCÈNE III

L'AMOUR, PSYCHÉ, ZÉPHIRE.

L'AMOUR.

Le voilà, ce serpent, ce monstre impitoyable,
Qu'un oracle étonnant pour vous a préparé,
Et qui n'est pas peut-être à tel point effroyable
Que vous vous l'êtes figuré.

PSYCHÉ.

Vous, Seigneur, vous seriez ce monstre dont l'oracle
A menacé mes tristes jours,
Vous qui semblez plutôt un dieu qui par miracle
Daigne venir lui-même à mon secours !

L'AMOUR.

Quel besoin de secours au milieu d'un empire
Où tout ce qui respire
N'attend que vos regards pour en prendre la loi,
Où vous n'avez à craindre autre monstre que moi ?

PSYCHÉ.

Qu'un monstre tel que vous inspire peu de crainte !
Et que, s'il a quelque poison,
Une âme auroit peu de raison
De hasarder la moindre plainte
Contre une favorable atteinte

Dont tout le cœur craindroit la guérison !
A peine je vous vois, que mes frayeurs cessées
Laissent évanouir l'image du trépas,
Et que je sens couler dans mes veines glacées
Un je ne sais quel feu que je ne connois pas.
J'ai senti de l'estime et de la complaisance,
De l'amitié, de la reconnaissance ;
De la compassion les chagrins innocents
M'en ont fait sentir la puissance ;
Mais je n'ai point encor senti ce que je sens.
Je ne sais ce que c'est, mais je sais qu'il me charme,
Que je n'en conçois point d'alarme ;
Plus j'ai les yeux sur vous, plus je m'en sens charmer.
Tout ce que j'ai senti n'agissoit point de même,
Et je dirois que je vous aime,
Seigneur, si je savois ce que c'est que d'aimer.
Ne les détournez point, ces yeux qui m'empoisonnent,
Ces yeux tendres, ces yeux perçants, mais amoureux,
Qui semblent partager le trouble qu'ils me donnent.
Hélas ! plus ils sont dangereux,
Plus je me plais à m'attacher sur eux.
Par quel ordre du Ciel que je ne puis comprendre
Vous dis-je plus que je ne dois,
Moi de qui la pudeur devroit du moins attendre
Que vous m'expliquassiez le trouble où je vous vois ?
Vous soupirez, Seigneur, ainsi que je soupire ;
Vos sens, comme les miens, paroissent interdits :
C'est à moi de m'en taire, à vous de me le dire ;
Et cependant c'est moi qui vous le dis.

L'Amour.

Vous avez eu, Psyché, l'âme toujours si dure
Qu'il ne faut pas vous étonner
Si, pour en réparer l'injure,
L'Amour en ce moment se paye avec usure
De ceux qu'elle a dû lui donner.
Ce moment est venu qu'il faut que votre bouche
Exhale des soupirs si longtemps retenus,
Et qu'en vous arrachant à cette humeur farouche,
Un amas de transports aussi doux qu'inconnus
Aussi sensiblement tout à la fois vous touche
Qu'ils ont dû vous toucher durant tant de beaux jours
Dont cette âme insensible a profané le cours.

Psyché.

N'aimer point, c'est donc un grand crime?

L'Amour.

En souffrez-vous un rude châtiment?

Psyché.

C'est punir assez doucement.

L'Amour.

C'est lui choisir sa peine légitime,
Et se faire justice, en ce glorieux jour,
D'un manquement d'amour par un excès d'amour.

Psyché.

Que n'ai-je été plus tôt punie!
J'y mets le bonheur de ma vie.
Je devrois en rougir, ou le dire plus bas,

Mais le supplice a trop d'appas :
Permettez que tout haut je le die et redie.
Je le dirois cent fois, et n'en rougirois pas.
Ce n'est point moi qui parle, et de votre présence
L'empire surprenant, l'aimable violence,
Dès que je veux parler, s'empare de ma voix.
C'est en vain qu'en secret ma pudeur s'en offense,
Que le sexe et la bienséance
Osent me faire d'autres lois ;
Vos yeux de ma réponse eux-mêmes font le choix,
Et ma bouche, asservie à leur toute-puissance,
Ne me consulte plus sur ce que je me dois.

L'AMOUR.

Croyez, belle Psyché, croyez ce qu'ils vous disent,
Ces yeux qui ne sont point jaloux ;
Qu'à l'envi les vôtres m'instruisent
De tout ce qui se passe en vous.
Croyez-en ce cœur qui soupire,
Et qui, tant que le vôtre y voudra repartir,
Vous dira bien plus d'un soupir
Que cent regards ne peuvent dire.
C'est le langage le plus doux,
C'est le plus fort, c'est le plus sûr de tous.

PSYCHÉ.

L'intelligence en étoit due
A nos cœurs, pour les rendre également contents :
J'ai soupiré, vous m'avez entendue ;
Vous soupirez, je vous entends.

Mais ne me laissez plus en doute,
Seigneur, et dites-moi si par la même route
Après moi le Zéphire ici vous a rendu
Pour me dire ce que j'écoute.
Quand j'y suis arrivée, étiez-vous attendu?
Et, quand vous lui parlez, êtes-vous entendu?

L'AMOUR.

J'ai dans ce doux climat un souverain empire,
Comme vous l'avez sur mon cœur;
L'Amour m'est favorable, et c'est en sa faveur
Qu'à mes ordres Æole a soumis le Zéphire.
C'est l'Amour qui, pour voir mes feux récompensés,
Lui-même a dicté cet oracle
Par qui vos beaux jours menacés
D'une foule d'amants se sont débarrassés,
Et qui m'a délivré de l'éternel obstacle
De tant de soupirs empressés
Qui ne méritoient pas de vous être adressés.
Ne me demandez point quelle est cette province,
Ni le nom de son prince;
Vous le saurez quand il en sera temps.
Je veux vous acquérir, mais c'est par mes services,
Par des soins assidus et par des vœux constants,
Par les amoureux sacrifices
De tout ce que je suis,
De tout ce que je puis,
Sans que l'éclat du rang pour moi vous sollicite,
Sans que de mon pouvoir je me fasse un mérite;
Et, bien que souverain dans cet heureux séjour,

Je ne vous veux, Psyché, devoir qu'à mon amour.
Venez en admirer avec moi les merveilles,
Princesse, et préparez vos yeux et vos oreilles
A ce qu'il a d'enchantements.
Vous y verrez des bois et des prairies
Contester sur leurs agréments
Avec l'or et les pierreries ;
Vous n'entendrez que des concerts charmants ;
De cent beautés vous y serez servie,
Qui vous adoreront sans vous porter envie,
Et brigueront à tous moments,
D'une âme soumise et ravie,
L'honneur de vos commandements.

PSYCHÉ.

Mes volontés suivent les vôtres,
Je n'en saurois plus avoir d'autres ;
Mais votre oracle enfin vient de me séparer
De deux sœurs et du Roi mon père,
Que mon trépas imaginaire
Réduit tous trois à me pleurer.
Pour dissiper l'erreur dont leur âme accablée
De mortels déplaisirs se voit pour moi comblée,
Souffrez que mes sœurs soient témoins
Et de ma gloire et de vos soins.
Prêtez-leur comme à moi les ailes du Zéphire,
Qui leur puissent de votre empire
Ainsi qu'à moi faciliter l'accès ;
Faites-leur voir en quel lieu je respire,
Faites-leur de ma perte admirer le succès.

L'AMOUR.

Vous ne me donnez pas, Psyché, toute votre âme :
Ce tendre souvenir d'un père et de deux sœurs
Me vole une part des douceurs
Que je veux toutes pour ma flamme.
N'ayez d'yeux que pour moi, qui n'en ai que pour vous ;
Ne songez qu'à m'aimer, ne songez qu'à me plaire ;
Et, quand de tels soucis osent vous en distraire...

PSYCHÉ.

Des tendresses du sang peut-on être jaloux ?

L'AMOUR.

Je le suis, ma Psyché, de toute la nature :
Les rayons du soleil vous baisent trop souvent,
Vos cheveux souffrent trop les caresses du vent :
Dès qu'il les flatte, j'en murmure ;
L'air même que vous respirez
Avec trop de plaisir passe par votre bouche ;
Votre habit de trop près vous touche,
Et, sitôt que vous soupirez,
Je ne sais quoi, qui m'effarouche,
Craint parmi vos soupirs des soupirs égarés.
Mais vous voulez vos sœurs : allez, partez, Zéphire ;
Psyché le veut, je ne l'en puis dédire.

(Le Zéphire s'envole.)

SCÈNE IV

L'AMOUR, PSYCHÉ.

L'AMOUR.

Quand vous leur ferez voir ce bienheureux séjour,
De ses trésors faites-leur cent largesses,
Prodiguez-leur caresses sur caresses,
Et du sang, s'il se peut, épuisez les tendresses,
Pour vous rendre toute à l'Amour.
Je n'y mêlerai point d'importune présence,
Mais ne leur faites pas de si longs entretiens :
Vous ne sauriez pour eux avoir de complaisance
Que vous ne dérobiez aux miens.

PSYCHÉ.

Votre amour me fait une grâce
Dont je n'abuserai jamais.

L'AMOUR.

Allons voir cependant ces jardins, ce palais,
Où vous ne verrez rien que votre éclat n'efface.
Et vous, petits Amours, et vous, jeunes Zéphirs,
Qui pour âmes n'avez que de tendres soupirs,
Montrez tous à l'envi ce qu'à voir ma princesse
Vous avez senti d'allégresse.

TROISIÈME INTERMÈDE

Il se fait une entrée de ballet de quatre Amours et quatre Zéphires, interrompue deux fois par un dialogue chanté par un Amour et un Zéphire.

PREMIER COUPLET.

LE ZÉPHIRE.

Aimable jeunesse,
Suivez la tendresse,
Joignez aux beaux jours
La douceur des amours.
C'est pour vous surprendre
Qu'on vous fait entendre
Qu'il faut éviter leurs soupirs
Et craindre leurs désirs :
Laissez-vous apprendre
Quels sont leurs plaisirs.

(Ils chantent ensemble.)

Chacun est obligé d'aimer
A son tour,
Et plus on a de quoi charmer,
Plus on doit à l'amour.

LE ZÉPHIRE seul.

Un cœur jeune et tendre
Est fait pour se rendre,
n'a point à prendre
De fâcheux détour.

LES DEUX ensemble.

Chacun est obligé d'aimer
A son tour,
Et plus on a de quoi charmer,
Plus on doit à l'amour.

L'AMOUR seul.

Pourquoi se défendre ?
Que sert-il d'attendre ?
Quand on perd un jour,
On le perd sans retour.

LES DEUX ensemble.

Chacun est obligé d'aimer
A son tour,
Et plus on a de quoi charmer,
Plus on doit à l'amour.

SECOND COUPLET.

LE ZÉPHIRE.

L'amour a des charmes,
Rendons-lui les armes,

Ses soins et ses pleurs
Ne sont pas sans douceurs.
Un cœur, pour le suivre,
A cent maux se livre.
Il faut, pour goûter ses appas,
Languir jusqu'au trépas ;
Mais ce n'est pas vivre
Que de n'aimer pas.

(Ils chantent ensemble.)

S'il faut des soins et des travaux
En aimant,
On est payé de mille maux
Par un heureux moment.

LE ZÉPHYRE seul.

On craint, on espère,
Il faut du mystère ;
Mais on n'obtient guère
De bien sans tourment.

LES DEUX ensemble.

S'il faut des soins et des travaux
En aimant,
On est payé de mille maux
Par un heureux moment.

L'AMOUR seul.

Que peut-on mieux faire
Qu'aimer et que plaire ?

C'est un soin charmant
Que l'emploi d'un amant.

LES DEUX ensemble.

S'il faut des soins et des travaux
En aimant,
On est payé de mille maux
Par un heureux moment.

Le théâtre devient un autre palais magnifique, coupé dans le fond par un vestibule, au travers duquel on voit un jardin superbe et charmant, décoré de plusieurs vases d'orangers et d'arbres chargés de toutes sortes de fruits.

ACTE IV

SCÈNE PREMIÈRE

AGLAURE, CIDYPPE.

AGLAURE.

Je n'en puis plus, ma sœur, j'ai vu trop de merveilles,
L'avenir aura peine à les bien concevoir ;
Le soleil, qui voit tout et qui nous fait tout voir,
N'en a vu jamais de pareilles.
Elles me chagrinent l'esprit,
Et ce brillant palais, ce pompeux équipage,
Font un odieux étalage
Qui m'accable de honte autant que de dépit.
Que la fortune indignement nous traite,
Et que sa largesse indiscrète
Prodigue aveuglément, épuise, unit d'efforts,
Pour faire de tant de trésors
Le partage d'une cadette !

CIDYPPE.

J'entre dans tous vos sentiments,
J'ai les mêmes chagrins, et dans ces lieux charmants
Tout ce qui vous déplaît me blesse;
Tout ce que vous prenez pour un mortel affront
Comme vous m'accable et me laisse
L'amertume dans l'âme et la rougeur au front.

AGLAURE.

Non, ma sœur, il n'est point de reines
Qui dans leur propre Etat parlent en souveraines
Comme Psyché parle en ces lieux.
On l'y voit obéie avec exactitude,
Et de ses volontés une amoureuse étude
Les cherche jusque dans ses yeux.
Mille beautés s'empressent autour d'elle,
Et semblent dire à nos regards jaloux :
« Quels que soient nos attraits, elle est encor plus belle,
Et nous qui la servons le sommes plus que vous. »
Elle prononce, on exécute,
Aucun ne s'en défend, aucun ne s'en rebute ·
Flore, qui s'attache à ses pas,
Répand à pleines mains autour de sa personne
Ce qu'elle a de plus doux appas;
Zéphire vole aux ordres qu'elle donne,
Et son amante et lui, s'en laissant trop charmer,
Quittent pour la servir les soins de s'entr'aimer.

CIDYPPE.

Elle a des dieux à son service,
Elle aura bientôt des autels;

Et nous ne commandons qu'à de chétifs mortels,
De qui l'audace et le caprice,
Contre nous à toute heure en secret révoltés,
Opposent à nos volontés
Ou le murmure ou l'artifice.

AGLAURE.

C'étoit peu que dans notre cour
Tant de cœurs à l'envi nous l'eussent préférée,
Ce n'étoit pas assez que de nuit et de jour
D'une foule d'amants elle y fût adorée :
Quand nous nous consolions de la voir au tombeau
Par l'ordre imprévu d'un oracle,
Elle a voulu de son destin nouveau
Faire en notre présence éclater le miracle,
Et choisi nos yeux pour témoins
De ce qu'au fond du cœur nous souhaitons le moins.

CIDYPPE.

Ce qui le plus me désespère,
C'est cet amant parfait et si digne de plaire
Qui se captive sous ses lois.
Quand nous pourrions choisir entre tous les monarques,
En est-il un, de tant de rois,
Qui porte de si nobles marques ?
Se voir du bien par-delà ses souhaits
N'est souvent qu'un bonheur qui fait des misérables :
Il n'est ni train pompeux ni superbes palais
Qui n'ouvrent quelque porte à des maux incurables ;
Mais avoir un amant d'un mérite achevé,
Et s'en voir chèrement aimée,

C'est un bonheur si haut, si relevé,
Que sa grandeur ne peut être exprimée.

AGLAURE.

N'en parlons plus, ma sœur, nous en mourrions d'ennui;
Songeons plutôt à la vengeance,
Et trouvons le moyen de rompre entre elle et lui
Cette adorable intelligence.
La voici. J'ai des coups tout prêts à lui porter,
Qu'elle aura peine d'éviter.

SCÈNE II

PSYCHÉ, AGLAURE, CIDYPPE.

PSYCHÉ.

Je viens vous dire adieu : mon amant vous renvoie,
Et ne sauroit plus endurer
Que vous lui retranchiez un moment de la joie
Qu'il prend de se voir seul à me considérer.
Dans un simple regard, dans la moindre parole,
Son amour trouve des douceurs
Qu'en faveur du sang je lui vole
Quand je les partage à des sœurs.

AGLAURE.

La jalousie est assez fine,
Et ces délicats sentiments
Méritent bien qu'on s'imagine
Que celui qui pour vous a ces empressements

Passe le commun des amants.
Je vous en parle ainsi faute de le connaître.
Vous ignorez son nom et ceux dont il tient l'être :
Nos esprits en sont alarmés.
Je le tiens un grand prince, et d'un pouvoir suprême,
Bien au-delà du diadème ;
Ses trésors, sous vos pas confusément semés,
Ont de quoi faire honte à l'abondance même ;
Vous l'aimez autant qu'il vous aime ;
Il vous charme, et vous le charmez :
Votre félicité, ma sœur, seroit extrême,
Si vous saviez qui vous aimez.

PSYCHÉ.

Que m'importe ? J'en suis aimée.
Plus il me voit, plus je lui plais ;
Il n'est point de plaisirs dont l'âme soit charmée
Qui ne préviennent mes souhaits,
Et je vois mal de quoi la vôtre est alarmée,
Quand tout me sert dans ce palais.

AGLAURE.

Qu'importe qu'ici tout vous serve,
Si toujours cet amant vous cache ce qu'il est ?
Nous ne nous alarmons que pour votre intérêt.
En vain tout vous y rit, en vain tout vous y plaît,
Le véritable amour ne fait point de réserve ;
Et qui s'obstine à se cacher
Sent quelque chose en soi qu'on lui peut reprocher.
Si cet amant devient volage,
Car souvent en amour le change est assez doux,

Et, j'ose le dire entre nous,
Pour grand que soit l'éclat dont brille ce visage,
Il en peut être ailleurs d'aussi belles que vous;
Si, dis-je, un autre objet sous d'autres lois l'engage,
Si, dans l'état où je vous voi,
Seule en ses mains et sans défense,
Il va jusqu'à la violence,
Sur qui vous vengera le Roi
Ou de ce changement, ou de cette insolence?

PSYCHÉ.

Ma sœur, vous me faites trembler.
Juste Ciel! pourrais-je être assez infortunée...

CIDYPPE.

Que sait-on si déjà les nœuds de l'hyménée...

PSYCHÉ.

N'achevez pas, ce seroit m'accabler.

AGLAURE.

Je n'ai plus qu'un mot à vous dire.
Ce prince qui vous aime, et qui commande aux vents,
Qui nous donne pour char les ailes du Zéphire,
Et de nouveaux plaisirs vous comble à tous moments,
Quand il rompt à vos yeux l'ordre de la nature,
Peut-être à tant d'amour mêle un peu d'imposture;
Peut-être ce palais n'est qu'un enchantement,
Et ces lambris dorés, ces amas de richesses
Dont il achète vos tendresses,
Dès qu'il sera lassé de souffrir vos caresses,
Disparaîtront en un moment.
Vous savez comme nous ce que peuvent les charmes.

PSYCHÉ.

Que je sens à mon tour de cruelles alarmes !

AGLAURE.

Notre amitié ne veut que votre bien.

PSYCHÉ.

Adieu, mes sœurs, finissons l'entretien.
J'aime, et je crains qu'on ne s'impatiente.
Partez, et demain, si je puis,
Vous me verrez ou plus contente,
Ou dans l'accablement des plus mortels ennuis.

AGLAURE.

Nous allons dire au Roi quelle nouvelle gloire,
Quel excès de bonheur le Ciel répand sur vous.

CIDYPPE.

Nous allons lui conter d'un changement si doux
La surprenante et merveilleuse histoire.

PSYCHÉ.

Ne l'inquiétez point, ma sœur, de vos soupçons,
Et quand vous lui peindrez un si charmant empire...

AGLAURE.

Nous savons toutes deux ce qu'il faut taire ou dire,
Et n'avons pas besoin sur ce point de leçons.

(*Le Zéphire enlève les deux sœurs de Psyché dans un nuage qui descend jusqu'à terre, et dans lequel il les emporte avec rapidité.*)

SCÈNE III

L'AMOUR, PSYCHÉ.

L'AMOUR.

Enfin, vous êtes seule, et je puis vous redire,
Sans avoir pour témoins vos importunes sœurs,
Ce que des yeux si beaux ont pris sur moi d'empire,
Et quel excès ont les douceurs
Qu'une sincère ardeur inspire
Sitôt qu'elle assemble deux cœurs.
Je puis vous expliquer de mon âme ravie
Les amoureux empressements,
Et vous jurer qu'à vous seule asservie,
Elle n'a pour objet de ses ravissements
Que de voir cette ardeur, de même ardeur suivie,
Ne concevoir plus d'autre envie
Que de régler mes vœux sur vos désirs,
Et de ce qui vous plaît faire tous mes plaisirs.
Mais d'où vient qu'un triste nuage
Semble offusquer l'éclat de ces beaux yeux?
Vous manque-t-il quelque chose en ces lieux?
Des vœux qu'on vous y rend dédaignez-vous l'hommage?

PSYCHÉ.

Non, Seigneur.

L'AMOUR.

Qu'est-ce donc, et d'où vient mon malheur?

J'entends moins de soupirs d'amour que de douleur;
Je vois de votre teint les roses amorties
Marquer un déplaisir secret;
Vos sœurs à peine sont parties
Que vous soupirez de regret!
Ah ! Psyché, de deux cœurs quand l'ardeur est la même,
Ont-ils des soupirs différents ?
Et, quand on aime bien et qu'on voit ce qu'on aime,
Peut-on songer à des parents ?

PSYCHÉ.

Ce n'est point là ce qui m'afflige.

L'AMOUR.

Est-ce l'absence d'un rival,
Et d'un rival aimé, qui fait qu'on me néglige?

PSYCHÉ.

Dans un cœur tout à vous que vous pénétrez mal!
Je vous aime, Seigneur, et mon amour s'irrite
De l'indigne soupçon que vous avez formé :
Vous ne connoissez pas quel est votre mérite,
Si vous craignez de n'être pas aimé.
Je vous aime, et, depuis que j'ai vu la lumière,
Je me suis montrée assez fière
Pour dédaigner les vœux de plus d'un roi;
Et s'il vous faut ouvrir mon âme toute entière,
Je n'ai trouvé que vous qui fût digne de moi.
Cependant j'ai quelque tristesse
Qu'en vain je voudrois vous cacher;
Un noir chagrin se mêle à toute ma tendresse
Dont je ne la puis détacher.

Ne m'en demandez point la cause :
Peut-être, la sachant, voudrez-vous m'en punir,
Et, si j'ose aspirer encore à quelque chose,
Je suis sûre du moins de ne point l'obtenir.

L'AMOUR.

Et ne craignez-vous point qu'à mon tour je m'irrite
Que vous connoissiez mal quel est votre mérite,
Ou feigniez de ne pas savoir
Quel est sur moi votre absolu pouvoir ?
Ah ! si vous en doutez, soyez désabusée ;
Parlez.

PSYCHÉ.

J'aurai l'affront de me voir refusée.

L'AMOUR.

Prenez en ma faveur de meilleurs sentiments,
L'expérience en est aisée ;
Parlez, tout se tient prêt à vos commandements.
Si, pour m'en croire, il vous faut des serments,
J'en jure vos beaux yeux, ces maîtres de mon âme,
Ces divins auteurs de ma flamme ;
Et, si ce n'est assez d'en jurer vos beaux yeux,
J'en jure par le Styx, comme jurent les dieux.

PSYCHÉ.

J'ose craindre un peu moins après cette assurance.
Seigneur, je vois ici la pompe et l'abondance ;
Je vous adore, et vous m'aimez ;
Mon cœur en est ravi, mes sens en sont charmés ;
Mais, parmi ce bonheur suprême,
J'ai le malheur de ne savoir qui j'aime.

Dissipez cet aveuglement,
Et faites-moi connoître un si parfait amant.

L'AMOUR.

Psyché, que venez-vous de dire ?

PSYCHÉ.

Que c'est le bonheur où j'aspire,
Et, si vous ne me l'accordez...

L'AMOUR.

Je l'ai juré, je n'en suis plus le maître,
Mais vous ne savez pas ce que vous demandez.
Laissez-moi mon secret : si je me fais connoître,
Je vous perds, et vous me perdez.
Le seul remède est de vous en dédire.

PSYCHÉ.

C'est là sur vous mon souverain empire ?

L'AMOUR.

Vous pouvez tout, et je suis tout à vous ;
Mais, si nos feux vous semblent doux,
Ne mettez point d'obstacle à leur charmante suite,
Ne me forcez point à la fuite :
C'est le moindre malheur qui nous puisse arriver
D'un souhait qui vous a séduite.

PSYCHÉ.

Seigneur, vous voulez m'éprouver ;
Mais je sais ce que j'en dois croire.
De grâce, apprenez-moi tout l'excès de ma gloire,
Et ne me cachez plus pour quel illustre choix
J'ai rejeté les vœux de tant de rois.

L'AMOUR.

Le voulez-vous ?

PSYCHÉ.

Souffrez que je vous en conjure.

L'AMOUR.

Si vous saviez, Psyché, la cruelle aventure
Que par là vous vous attirez...

PSYCHÉ.

Seigneur, vous me désespérez.

L'AMOUR.

Pensez-y bien, je puis encor me taire.

PSYCHÉ.

Faites-vous des serments pour n'y point satisfaire ?

L'AMOUR.

Hé bien ! je suis le dieu le plus puissant des dieux,
Absolu sur la terre, absolu dans les cieux ;
Dans les eaux, dans les airs, mon pouvoir est suprême :
En un mot, je suis l'Amour même,
Qui de mes propres traits m'étois blessé pour vous ;
Et, sans la violence, hélas ! que vous me faites,
Et qui vient de changer mon amour en courroux,
Vous m'alliez avoir pour époux.
Vos volontés sont satisfaites,
Vous avez su qui vous aimiez,
Vous connoissez l'amant que vous charmiez :
Psyché, voyez où vous en êtes.
Vous me forcez vous-même à vous quitter,
Vous me forcez vous-même à vous ôter
Tout l'effet de votre victoire.

Peut-être vos beaux yeux ne me reverront plus;
Ce palais, ces jardins, avec moi disparus,
Vont faire évanouir votre naissante gloire.
Vous n'avez pas voulu m'en croire,
Et, pour tout fruit de ce doute éclairci,
Le Destin, sous qui le Ciel tremble,
Plus fort que mon amour, que tous les dieux ensemble,
Vous va montrer sa haine et me chasse d'ici.

L'Amour disparoît; et, dans l'instant qu'il s'envole, le superbe jardin s'évanouit. Psyché demeure seule au milieu d'une vaste campagne, et sur le bord sauvage d'un grand fleuve où elle se veut précipiter. Le dieu du fleuve paroît assis sur un amas de joncs et de roseaux, et appuyé sur une grande urne d'où sort une grosse source d'eau.

SCÈNE IV

PSYCHÉ, LE DIEU DU FLEUVE.

PSYCHÉ.

Cruel destin! funeste inquiétude!
Fatale curiosité!
Qu'avez-vous fait, affreuse solitude,
De toute ma félicité?
J'aimois un dieu, j'en étois adorée,
Mon bonheur redoubloit de moment en moment,
Et je me vois seule, éplorée,
Au milieu d'un désert, où, pour accablement,

Et confuse et désespérée,
Je sens croître l'amour quand j'ai perdu l'amant.
Le souvenir m'en charme et m'empoisonne,
Sa douceur tyrannise un chœur infortuné
Qu'aux plus cuisants chagrins ma flamme a condamné.
O Ciel! quand l'Amour m'abandonne,
Pourquoi me laisse-t-il l'amour qu'il m'a donné?
Source de tous les biens inépuisable et pure,
Maître des hommes et des dieux,
Cher auteur des maux que j'endure,
Êtes-vous pour jamais disparu de mes yeux?
Je vous en ai banni moi-même.
Dans un excès d'amour, dans un bonheur extrême,
D'un indigne soupçon mon cœur s'est alarmé.
Cœur ingrat, tu n'avois qu'un feu mal allumé;
Et l'on ne peut vouloir, du moment que l'on aime,
Que ce que veut l'objet aimé.
Mourons, c'est le parti qui seul me reste à suivre,
Après la perte que je fais.
Pour qui, grands dieux, voudrois-je vivre,
Et pour qui former des souhaits?
Fleuve, de qui les eaux baignent ces tristes sables,
Ensevelis mon crime dans tes flots,
Et, pour finir des maux si déplorables,
Laisse-moi dans ton lit assurer mon repos.

LE DIEU DU FLEUVE.

Ton trépas souilleroit mes ondes,
Psyché; le Ciel te le défend,
Et peut-être qu'après des douleurs si profondes,

Un autre sort t'attend.
Fuis plutôt de Vénus l'implacable colère :
Je la vois qui te cherche et qui te veut punir.
L'amour du fils a fait la haine de la mère.
Fuis, je saurai la retenir.

PSYCHÉ.

J'attends ses fureurs vengeresses.
Qu'auront-elles pour moi qui ne me soit trop doux?
Qui cherche le trépas ne craint dieux ni déesses,
Et peut braver tout leur courroux.

SCÈNE V

VÉNUS, PSYCHÉ.

VÉNUS.

Orgueilleuse Psyché, vous m'osez donc attendre,
Après m'avoir sur terre enlevé mes honneurs,
Après que vos traits suborneurs
Ont reçu les encens qu'aux miens seuls on doit rendre?
J'ai vu mes temples désertés,
J'ai vu tous les mortels, séduits par vos beautés,
Idolâtrer en vous la beauté souveraine,
Vous offrir des respects jusqu'alors inconnus,
Et ne se mettre pas en peine
S'il étoit une autre Vénus ;
Et je vous vois encor l'audace
De n'en pas redouter les justes châtiments,

Et de me regarder en face,
Comme si c'étoit peu que mes ressentiments.

PSYCHÉ.

Si de quelques mortels on m'a vue adorée,
Est-ce un crime pour moi d'avoir eu des appas
Dont leur âme inconsidérée
Laissoit charmer des yeux qui ne vous voyoient pas ?
Je suis ce que le Ciel m'a faite,
Je n'ai que les beautés qu'il m'a voulu prêter.
Si les vœux qu'on m'offroit vous ont mal satisfaite,
Pour forcer tous les cœurs à vous les reporter
Vous n'aviez qu'à vous présenter,
Qu'à ne leur cacher plus cette beauté parfaite
Qui, pour les rendre à leur devoir,
Pour se faire adorer, n'a qu'à se faire voir.

VÉNUS.

Il falloit vous en mieux défendre ;
Ces respects, ces encens, se devoient refuser,
Et, pour les mieux désabuser,
Il falloit à leurs yeux vous-même me les rendre.
Vous avez aimé cette erreur,
Pour qui vous ne deviez avoir que de l'horreur ;
Vous avez bien fait plus : votre humeur arrogante,
Sur le mépris de mille rois,
Jusques aux cieux a porté de son choix
L'ambition extravagante.

PSYCHÉ.

J'aurois porté mon choix, déesse, jusqu'aux cieux ?

VÉNUS.

Votre insolence est sans seconde :
Dédaigner tous les rois du monde,
N'est-ce pas aspirer aux dieux ?

PSYCHÉ.

Si l'Amour pour eux tous m'avoit endurci l'âme
Et me réservoit toute à lui,
En puis-je être coupable, et faut-il qu'aujourd'hui,
Pour prix d'une si belle flamme,
Vous vouliez m'accabler d'un éternel ennui ?

VÉNUS.

Psyché, vous deviez mieux connoître
Qui vous étiez, et quel étoit ce dieu.

PSYCHÉ.

Et m'en a-t-il donné ni le temps ni le lieu,
Lui qui de tout mon cœur d'abord s'est rendu maître ?

VÉNUS.

Tout votre cœur s'en est laissé charmer,
Et vous l'avez aimé dès qu'il vous a dit : « J'aime. »

PSYCHÉ.

Pouvois-je n'aimer pas le dieu qui fait aimer,
Et qui me parloit pour lui-même ?
C'est votre fils, vous savez son pouvoir,
Vous en connoissez le mérite.

VÉNUS.

Oui, c'est mon fils, mais un fils qui m'irrite,
Un fils qui me rend mal ce qu'il sait me devoir,
Un fils qui fait qu'on m'abandonne,
Et qui, pour mieux flatter ses indignes amours,

Depuis que vous l'aimez ne blesse plus personne
Qui vienne à mes autels implorer mon secours.
Vous m'en avez fait un rebelle.
On m'en verra vengée, et hautement, sur vous,
Et je vous apprendrai s'il faut qu'une mortelle
Souffre qu'un dieu soupire à ses genoux.
Suivez-moi, vous verrez, par votre expérience,
A quelle folle confiance
Vous portoit cette ambition.
Venez, et préparez autant de patience
Qu'on vous voit de présomption.

QUATRIÈME INTERMÈDE

La scène représente les enfers. On y voit une mer toute de feu, dont les flots sont dans une perpétuelle agitation. Cette mer effroyable est bornée par des ruines enflammées ; et, au milieu de ses flots agités, au travers d'une gueule affreuse, paroît le palais infernal de Pluton. Huit Furies en sortent, et forment une entrée de ballet, où elles se réjouissent de la rage qu'elles ont allumée dans l'âme de la plus douce des divinités. Un Lutin mêle quantité de sauts périlleux à leurs danses, cependant que Psyché, qui a passé aux enfers par le commandement de Vénus, repasse dans la barque de Caron, avec la boîte qu'elle a reçue de Proserpine pour cette déesse.

ACTE V

SCÈNE PREMIÈRE

PSYCHÉ.

Effroyables replis des ondes infernales,
Noirs palais où Mégère et ses sœurs font leur cour,
Éternels ennemis du jour,
Parmi vos Ixions et parmi vos Tantales,
Parmi tant de tourments qui n'ont point d'intervalles,
Est-il, dans votre affreux séjour,
Quelques peines qui soient égales
Aux travaux où Vénus condamne mon amour ?
Elle n'en peut être assouvie,
Et, depuis qu'à ses lois je me trouve asservie,
Depuis qu'elle me livre à ses ressentiments,
Il m'a fallu, dans ces cruels moments,
Plus d'une âme et plus d'une vie
Pour remplir ses commandements.

Je souffrirois tout avec joie
Si, parmi les rigueurs que sa haine déploie,
Mes yeux pouvoient revoir, ne fût-ce qu'un moment,
Ce cher, cet adorable amant.
Je n'ose le nommer ; ma bouche, criminelle
D'avoir trop exigé de lui,
S'en est rendue indigne ; et, dans ce dur ennui,
La souffrance la plus mortelle
Dont m'accable à toute heure un renaissant trépas
Est celle de ne le voir pas.
Si son courroux duroit encore,
Jamais aucun malheur n'approcheroit du mien ;
Mais, s'il avoit pitié d'une âme qui l'adore,
Quoi qu'il fallût souffrir, je ne souffrirois rien.
Oui, Destins, s'il calmoit cette juste colère,
Tous mes malheurs seroient finis :
Pour me rendre insensible aux fureurs de la mère,
Il ne faut qu'un regard du fils.
Je n'en veux plus douter, il partage ma peine,
Il voit ce que je souffre, et souffre comme moi ;
Tout ce que j'endure le gêne,
Lui-même il s'en impose une amoureuse loi ;
En dépit de Vénus, en dépit de mon crime,
C'est lui qui me soutient, c'est lui qui me ranime,
Au milieu des périls où l'on me fait courir :
Il garde la tendresse où son feu le convie,
Et prend soin de me rendre une nouvelle vie
Chaque fois qu'il me faut mourir.
Mais que me veulent ces deux ombres

Qu'à travers le faux jour de ces demeures sombres
J'entrevois s'avancer vers moi ?

SCÈNE II

PSYCHÉ, CLÉOMÈNE, AGÉNOR.

PSYCHÉ.

Cléomène, Agénor, est-ce vous que je voi ?
Qui vous a ravi la lumière?

CLÉOMÈNE.

La plus juste douleur qui d'un beau désespoir
Nous eût pu fournir la matière ;
Cette pompe funèbre où du sort le plus noir
Vous attendiez la rigueur la plus fière,
L'injustice la plus entière.

AGÉNOR.

Sur ce même rocher où le Ciel en courroux
Vous promettoit, au lieu d'époux,
Un serpent dont soudain vous seriez dévorée,
Nous tenions la main préparée
A repousser sa rage, ou mourir avec vous.
Vous le savez, Princesse, et, lorsqu'à notre vue
Par le milieu des airs vous êtes disparue,
Du haut de ce rocher, pour suivre vos beautés,
Ou plutôt pour goûter cette amoureuse joie
D'offrir pour vous au monstre une première proie,

D'amour et de douleur l'un et l'autre emportés,
Nous nous sommes précipités.

CLÉOMÈNE.

Heureusement déçus au sens de votre oracle,
Nous en avons ici reconnu le miracle,
Et su que le serpent prêt à vous dévorer
Etoit le dieu qui fait qu'on aime,
Et qui, tout dieu qu'il est, vous adorant lui-même,
Ne pouvoit endurer
Qu'un mortel comme nous osât vous adorer.

AGÉNOR.

Pour prix de vous avoir suivie,
Nous jouissons ici d'un trépas assez doux :
Qu'avions-nous affaire de vie
Si nous ne pouvions être à vous ?
Nous revoyons ici vos charmes,
Qu'aucun des deux là-haut n'auroit revus jamais,
Heureux si nous voyons la moindre de vos larmes
Honorer des malheurs que vous nous avez faits.

PSYCHÉ.

Puis-je avoir des larmes de reste
Après qu'on a porté les miens au dernier point ?
Unissons nos soupirs dans un sort si funeste,
Les soupirs ne s'épuisent point.
Mais vous soupireriez, Princes, pour une ingrate :
Vous n'avez point voulu survivre à mes malheurs,
Et, quelque douleur qui m'abatte,
Ce n'est point pour vous que je meurs.

CLÉOMÈNE.

L'avons-nous mérité, nous dont toute la flamme
N'a fait que vous lasser du récit de nos maux?

PSYCHÉ.

Vous pouviez mériter, Princes, toute mon âme,
Si vous n'eussiez été rivaux.
Ces qualités incomparables
Qui de l'un et de l'autre accompagnoient les vœux
Vous rendaient tous deux trop aimables
Pour mépriser aucun des deux.

AGÉNOR.

Vous avez pu, sans être injuste ni cruelle,
Nous refuser un cœur réservé pour un dieu.
Mais revoyez Vénus : le Destin nous rappelle,
Et nous force à vous dire adieu.

PSYCHÉ.

Ne vous donne-t-il point le loisir de me dire
Quel est ici votre séjour?

CLÉOMÈNE.

Dans des bois toujours verts, où d'amour on respire
Aussitôt qu'on est mort d'amour.
D'amour on y revit, d'amour on y soupire,
Sous les plus douces lois de son heureux empire,
Et l'éternelle nuit n'ose en chasser le jour
Que lui-même il attire
Sur nos fantômes qu'il inspire,
Et dont aux enfers même il se fait une cour.

AGÉNOR.

Vos envieuses sœurs, après nous descendues,

Pour vous perdre se sont perdues,
Et l'une et l'autre tour à tour,
Pour le prix d'un conseil qui leur coûte la vie,
A côté d'Ixion, à côté de Titye,
Souffre tantôt la roue et tantôt le vautour.
L'Amour par les Zéphirs s'est fait prompte justice
De leur envenimée et jalouse malice :
Ces ministres ailés de son juste courroux,
Sous couleur de les rendre encor auprès de vous,
Ont plongé l'une et l'autre au fond d'un précipice,
Où le spectacle affreux de leurs corps déchirés
N'étale que le moindre et le premier supplice
De ces conseils dont l'artifice
Fait les maux dont vous soupirez.

PSYCHÉ.

Que je les plains!

CLÉOMÈNE.

Vous êtes seule à plaindre.
Mais nous demeurons trop à vous entretenir.
Adieu. Puissions-nous vivre en votre souvenir!
Puissiez-vous, et bientôt, n'avoir plus rien à craindre!
Puisse, et bientôt, l'Amour vous enlever aux cieux,
Vous y mettre à côté des dieux,
Et, rallumant un feu qui ne se puisse éteindre,
Affranchir à jamais l'éclat de vos beaux yeux
D'augmenter le jour en ces lieux!

SCÈNE III

PSYCHÉ.

Pauvres amants ! leur amour dure encore;
Tous morts qu'ils sont, l'un et l'autre m'adore,
Moi dont la dureté reçut si mal leurs vœux.
Tu n'en fais pas ainsi, toi qui seul m'as ravie,
Amant que j'aime encor cent fois plus que ma vie,
Et qui brises de si beaux nœuds.
Ne me fuis plus, et souffre que j'espère
Que tu pourras un jour rabaisser l'œil sur moi,
Qu'à force de souffrir j'aurai de quoi te plaire,
De quoi me rengager ta foi.
Mais ce que j'ai souffert m'a trop défigurée
Pour rappeler un tel espoir :
L'œil abattu, triste, désespérée,
Languissante et décolorée,
De quoi puis-je me prévaloir,
Si, par quelque miracle impossible à prévoir,
Ma beauté qui t'a plu ne se voit réparée ?
Je porte ici de quoi la réparer;
Ce trésor de beauté divine
Qu'en mes mains pour Vénus a remis Proserpine
Enferme des appas dont je puis m'emparer,
Et l'éclat en doit être extrême,

Puisque Vénus, la beauté même,
Les demande pour se parer.
En dérober un peu seroit-ce un si grand crime ?
Pour plaire aux yeux d'un dieu qui s'est fait mon amant,
Pour regagner son cœur et finir mon tourment,
Tout n'est-il pas trop légitime ?
Ouvrons. Quelles vapeurs m'offusquent le cerveau,
Et que vois-je sortir de cette boîte ouverte ?
Amour, si ta pitié ne s'oppose à ma perte,
Pour ne revivre plus je descends au tombeau.

(Elle s'évanouit, et l'Amour descend auprès d'elle en volant.)

SCÈNE IV

L'AMOUR, PSYCHÉ ÉVANOUIE.

L'AMOUR.

Votre péril, Psyché, dissipe ma colère,
Ou plutôt de mes vœux l'ardeur n'a point cessé,
Et, bien qu'au dernier point vous m'ayez su déplaire,
Je ne me suis intéressé
Que contre celle de ma mère.
J'ai vu tous vos travaux, j'ai suivi vos malheurs,
Mes soupirs ont partout accompagné vos pleurs.
Tournez les yeux vers moi, je suis encor le même.
Quoi ! je dis et redis tout haut que je vous aime,

Et vous ne dites point, Psyché, que vous m'aimez !
Est-ce que pour jamais vos beaux yeux sont fermés,
Qu'à jamais la clarté leur vient d'être ravie ?
O mort ! devois-tu prendre un dard si criminel,
Et, sans aucun respect pour mon être éternel,
Attenter à ma propre vie ?
Combien de fois, ingrate déité,
Ai-je grossi ton noir empire
Par les mépris et par la cruauté
D'une orgueilleuse ou farouche beauté ?
Combien même, s'il le faut dire,
T'ai-je immolé de fidèles amants
A force de ravissements ?
Va, je ne blesserai plus d'âmes,
Je ne percerai plus de cœurs
Qu'avec des dards trempés aux divines liqueurs
Qui nourrissent du Ciel les immortelles flammes,
Et n'en lancerai plus que pour faire à tes yeux
Autant d'amants, autant de dieux.
Et vous, impitoyable mère,
Qui la forcez à m'arracher
Tout ce que j'avois de plus cher,
Craignez à votre tour l'effet de ma colère.
Vous me voulez faire la loi,
Vous qu'on voit si souvent la recevoir de moi !
Vous qui portez un cœur sensible comme un autre,
Vous enviez au mien les délices du vôtre !
Mais dans ce même cœur j'enfoncerai des coups
Qui ne seront suivis que de chagrins jaloux ;

Je vous accablerai de honteuses surprises,
Et choisirai partout à vos vœux les plus doux
Des Adonis et des Anchises
Qui n'auront que haine pour vous.

SCÈNE V

VÉNUS, L'AMOUR, PSYCHÉ ÉVANOUIE.

VÉNUS.

La menace est respectueuse,
Et d'un enfant qui fait le révolté
La colère présomptueuse...

L'AMOUR.

Je ne suis plus enfant, et je l'ai trop été,
Et ma colère est juste autant qu'impétueuse.

VÉNUS.

L'impétuosité s'en devrait retenir,
Et vous pourriez-vous souvenir
Que vous me devez la naissance.

L'AMOUR.

Et vous pourriez n'oublier pas
Que vous avez un cœur et des appas
Qui relèvent de ma puissance;
Que mon arc de la vôtre est l'unique soutien,
Que sans mes traits elle n'est rien,
Et que, si les cœurs les plus braves

En triomphe par vous se sont laissé traîner,
Vous n'avez jamais fait d'esclaves
Que ceux qu'il m'a plu d'enchaîner.
Ne me vantez donc plus les droits de la naissance
Qui tyrannisent mes désirs ;
Et, si vous ne voulez perdre mille soupirs,
Songez en me voyant à la reconnaissance,
Vous qui tenez de ma puissance
Et votre gloire et vos plaisirs.

VÉNUS.

Comment l'avez-vous défendue,
Cette gloire dont vous parlez ?
Comment me l'avez-vous rendue ?
Et, quand vous avez vu mes autels désolés,
Mes temples violés,
Mes honneurs ravalés
Si vous avez pris part à tant d'ignominie,
Comment en a-t-on vu punie
Psyché qui me les a volés ?
Je vous ai commandé de la rendre charmée
Du plus vil de tous les mortels,
Qui ne daignât répondre à son âme enflammée
Que par des rebuts éternels,
Par les mépris les plus cruels :
Et vous-même l'avez aimée !
Vous avez contre moi séduit des immortels ;
C'est pour vous qu'à mes yeux les Zéphirs l'ont cachée,
Qu'Apollon même, suborné,
Par un oracle adroitement tourné,

Me l'avoit si bien arrachée
Que, si sa curiosité
Par une aveugle défiance,
Ne l'eût rendue à ma vengeance,
Elle échappoit à mon cœur irrité.
Voyez l'état où votre amour l'a mise,
Votre Psyché : son âme va partir ;
Voyez, et, si la vôtre en est encore éprise,
Recevez son dernier soupir.
Menacez, bravez-moi, cependant qu'elle expire :
Tant d'insolence vous sied bien,
Et je dois endurer quoi qu'il vous plaise dire,
Moi qui sans vos traits ne puis rien.

L'AMOUR.

Vous ne pouvez que trop, Déesse impitoyable !
Le Destin l'abandonne à tout votre courroux ;
Mais soyez moins inexorable
Aux prières, aux pleurs d'un fils à vos genoux.
Ce doit vous être un spectacle assez doux
De voir d'un œil Psyché mourante,
Et de l'autre ce fils, d'une voix suppliante,
Ne vouloir plus tenir son bonheur que de vous.
Rendez-moi ma Psyché, rendez-lui tous ses charmes ;
Rendez-la, Déesse, à mes larmes ;
Rendez à mon amour, rendez à ma douleur
Le charme de mes yeux et le choix de mon cœur.

VÉNUS.

Quelque amour que Psyché vous donne,
De ses malheurs par moi n'attendez pas la fin :

Si le Destin me l'abandonne,
Je l'abandonne à son destin.
Ne m'importunez plus, et, dans cette infortune,
Laissez-la sans Vénus triompher ou périr.

L'AMOUR.

Hélas ! si je vous importune,
Je ne le ferois pas si je pouvois mourir.

VÉNUS.

Cette douleur n'est pas commune,
Qui force un immortel à souhaiter la mort.

L'AMOUR.

Voyez par son excès si mon amour est fort.
Ne lui ferez-vous grâce aucune ?

VÉNUS.

Je vous l'avoue, il me touche le cœur,
Votre amour ; il désarme, il fléchit ma rigueur :
Votre Psyché reverra la lumière.

L'AMOUR.

Que je vous vais partout faire donner d'encens !

VÉNUS.

Oui, vous la reverrez dans sa beauté première ;
Mais de vos vœux reconnoissants
Je veux la déférence entière,
Je veux qu'un vrai respect laisse à mon amitié
Vous choisir une autre moitié.

L'AMOUR.

Et moi, je ne veux plus de grâce :
Je reprends toute mon audace ;
Je veux Psyché, je veux sa foi,

Je veux qu'elle revive, et revive pour moi,
Et tiens indifférent que votre haine lasse
En faveur d'une autre se passe.
Jupiter, qui paroît, va juger entre nous
De mes emportements et de votre courroux.

(Après quelques éclairs et roulements de tonnerre, Jupiter paroît en l'air sur son aigle.)

SCÈNE DERNIÈRE

JUPITER, VÉNUS, L'AMOUR, PSYCHÉ.

L'Amour.

Vous à qui seul tout est possible,
Père des dieux, souverain des mortels,
Fléchissez la rigueur d'une mère inflexible,
Qui sans moi n'auroit point d'autels.
J'ai pleuré, j'ai prié, je soupire, menace,
Et perds menaces et soupirs :
Elle ne veut pas voir que de mes déplaisirs
Dépend du monde entier l'heureuse ou triste face,
Et que, si Psyché perd le jour,
Si Psyché n'est à moi, je ne suis plus l'Amour.
Oui, je romprai mon arc, je briserai mes flèches,
J'éteindrai jusqu'à mon flambeau,
Je laisserai languir la nature au tombeau ;

Ou, si je daigne aux cœurs faire encor quelques brèches
Avec ces pointes d'or qui me font obéir,
Je vous blesserai tous là-haut pour des mortelles,
Et ne décocherai sur elles
Que des traits émoussés qui forcent à haïr,
Et qui ne font que des rebelles,
Des ingrates et des cruelles.
Par quelle tyrannique loi
Tiendrai-je à vous servir mes armes toujours prêtes,
Et vous ferai-je à tous conquêtes sur conquêtes,
Si vous me défendez d'en faire une pour moi ?

JUPITER.

Ma fille, sois-lui moins sévère.
Tu tiens de sa Psyché le destin en tes mains,
La Parque au moindre mot va suivre ta colère ;
Parle, et laisse-toi vaincre aux tendresses de mère,
Ou redoute un courroux que moi-même je crains.
Veux-tu donner le monde en proie
A la haine, au désordre, à la confusion,
Et d'un dieu d'union,
D'un dieu de douceurs et de joie,
Faire un dieu d'amertume et de division ?
Considère ce que nous sommes,
Et si les passions doivent nous dominer.
Plus la vengeance a de quoi plaire aux hommes,
Plus il sied bien aux dieux de pardonner.

VÉNUS.

Je pardonne à ce fils rebelle ;
Mais voulez-vous qu'il me soit reproché

Qu'une misérable mortelle,
L'objet de mon courroux, l'orgueilleuse Psyché,
Sous ombre qu'elle est un peu belle,
Par un hymen dont je rougis
Souille mon alliance et le lit de mon fils ?

JUPITER.

Hé bien, je la fais immortelle,
Afin d'y rendre tout égal.

VÉNUS.

Je n'ai plus de mépris ni de haine pour elle,
Et l'admets à l'honneur de ce nœud conjugal.
Psyché, reprenez la lumière
Pour ne la reperdre jamais :
Jupiter a fait votre paix,
Et je quitte cette humeur fière
Qui s'opposoit à vos souhaits.

PSYCHÉ.

C'est donc vous, ô grande déesse,
Qui redonnez la vie à ce cœur innocent !

VÉNUS.

Jupiter vous fait grâce, et ma colère cesse.
Vivez, Vénus l'ordonne ; aimez, elle y consent.

PSYCHÉ, *à l'Amour.*

Je vous revois enfin, cher objet de ma flamme !

L'AMOUR, *à Psyché.*

Je vous possède enfin, délices de mon âme !

JUPITER.

Venez, amants, venez aux cieux,
Achever un si grand et si digne hyménée ;

Viens-y, belle Psyché, changer de destinée,
Viens prendre place au rang des dieux.

Deux grandes machines descendent aux deux côtés de Jupiter, cependant qu'il dit ces derniers vers. Vénus avec sa suite monte dans l'une, l'Amour avec Psyché dans l'autre, et tous ensemble remontent au ciel.

Les divinités, qui avoient été partagées entre Vénus et son fils, se réunissent en les voyant d'accord, et toutes ensemble, par des concerts, des chants et des danses, célèbrent la fête des noces de l'Amour.

Apollon paroît le premier, et, comme dieu de l'harmonie, commence à chanter, pour inviter les autres dieux à se réjouir.

RÉCIT D'APOLLON.

Unissons-nous, troupe immortelle ;
Le dieu d'amour devient heureux amant,
Et Vénus a repris sa douceur naturelle
En faveur d'un fils si charmant :
Il va goûter en paix, après un long tourment,
Une félicité qui doit être éternelle.

Toutes les divinités chantent ensemble ce couplet
à la gloire de l'Amour :

Célébrons ce grand jour,
Célébrons tous une fête si belle ;
Que nos chants en tous lieux en portent la nouvelle ;

Qu'ils fassent retentir le céleste séjour !
Chantons, répétons tour à tour
Qu'il n'est point d'âme si cruelle
Qui tôt ou tard ne se rende à l'amour.

APOLLON *continue* :

Le dieu qui nous engage
A lui faire la cour
Défend qu'on soit trop sage.
Les plaisirs ont leur tour ;
C'est leur plus doux usage
Que de finir les soins du jour.
La nuit est le partage
Des jeux et de l'amour.

Ce seroit grand dommage
Qu'en ce charmant séjour
On eût un cœur sauvage.
Les plaisirs ont leur tour ;
C'est leur plus doux usage
Que de finir les soins du jour.
La nuit est le partage
Des jeux et de l'amour.

Deux Muses, qui ont toujours évité de s'engager sous les lois de l'Amour, conseillent aux belles qui n'ont point encore aimé de s'en défendre avec soin, à leur exemple :

CHANSON DES MUSES.

Gardez-vous, beautés sévères,
Les amours font trop d'affaires ;

Craignez toujours de vous laisser charmer.
Quand il faut que l'on soupire,
Tout le mal n'est pas de s'enflammer :
Le martyre
De le dire
Coûte plus cent fois que d'aimer.

SECOND COUPLET DES MUSES.

On ne peut aimer sans peines,
Il est peu de douces chaînes,
A tout moment on se sent alarmer.
Quand il faut que l'on soupire,
Tout le mal n'est pas de s'enflammer :
Le martyre
De le dire
Coûte plus cent fois que d'aimer.

Bacchus fait entendre qu'il n'est pas si dangereux que l'Amour :

RÉCIT DE BACCHUS.

Si quelquefois,
Suivant nos douces lois,
La raison se perd et s'oublie,
Ce que le vin nous cause de folie
Commence et finit en un jour ;
Mais, quand un cœur est enivré d'amour,
Souvent c'est pour toute la vie.

ENTRÉE DE BALLET

Composée de deux Ménades et de deux Ægipans
qui suivent Bacchus.

Mome déclare qu'il n'a point de plus doux emploi que de médire, et que ce n'est qu'à l'Amour seul qu'il n'ose se jouer.

RÉCIT DE MOME.

Je cherche à médire
Sur la terre et dans les cieux ;
Je soumets à ma satyre
Les plus grands des dieux.
Il n'est dans l'univers que l'Amour qui m'étonne ;
Il est le seul que j'épargne aujourd'hui ;
Il n'appartient qu'à lui
De n'épargner personne.

ENTRÉE DE BALLET

Composée de quatre polichinelles et de deux matassins qui suivent Mome, et viennent joindre leur plaisanterie et leur badinage aux divertissements de cette grande fête.

Bacchus et Mome, qui les conduisent, chantent au milieu d'eux chacun une chanson, Bacchus à la louange du vin, et Mome une chanson enjouée sur le sujet et les avantages de la raillerie :

RÉCIT DE BACCHUS.

Admirons le jus de la treille :

Qu'il est puissant ! qu'il a d'attraits !
Il sert aux douceurs de la paix,
Et dans la guerre il fait merveille ;
Mais surtout pour les amours,
Le vin est d'un grand secours.

RÉCIT DE MOME.

Folâtrons, divertissons-nous ;
Raillons, nous ne saurions mieux faire :
La raillerie est nécessaire
Dans les jeux les plus doux.
Sans la douceur que l'on goûte à médire,
On trouve peu de plaisirs sans ennui ;
Rien n'est si plaisant que de rire,
Quand on rit aux dépens d'autrui.

Plaisantons, ne pardonnons rien,
Rions, rien n'est plus à la mode :
On court péril d'être incommode
En disant trop de bien.
Sans la douceur que l'on goûte à médire,
On trouve peu de plaisirs sans ennui ;
Rien n'est si plaisant que de rire,
Quand on rit aux dépens d'autrui.

Mars arrive au milieu du théâtre, suivi de sa troupe guerrière, qu'il excite à profiter de leur loisir en prenant part aux divertissements :

RÉCIT DE MARS.

Laissons en paix toute la terre,
Cherchons de doux amusements ;
Parmi les jeux les plus charmants
Mêlons l'image de la guerre.

ENTRÉE DE BALLET

Suivants de Mars, qui font, en dansant avec des enseignes, une manière d'exercice.

DERNIÈRE ENTRÉE DE BALLET

Les troupes différentes de la suite d'Apollon, de Bacchus, de Mome et de Mars, après avoir achevé leurs entrées particulières, s'unissent ensemble et forment la dernière entrée, qui renferme toutes les autres.

Un chœur de toutes les voix et de tous les instruments, qui sont au nombre de quarante, se joint à la danse générale et termine la fête des noces de l'Amour et de Psyché.

DERNIER CHŒUR.

Chantons les plaisirs charmants
Des heureux amants ;
Que tout le Ciel s'empresse
A leur faire sa cour.

Célébrons ce beau jour
Par mille doux chants d'allégresse,
Célébrons ce beau jour
Par mille doux chants pleins d'amour.

Dans le grand salon du palais des Tuileries, où *Psyché* a été représentée devant Leurs Majestés, il y avoit des timbales, des trompettes et des tambours mêlés dans ces derniers concerts, et ce dernier couplet se chantoit ainsi :

Chantons les plaisirs charmants
Des heureux amants.
Répondez-nous, trompettes,
Timbales et tambours ;
Accordez-vous toujours
Avec le doux son des musettes,
Accordez-vous toujours
Avec le doux chant des amours.

NOTES

PROLOGUE.

P. 5, l. 15. Pour donner *la paix* à la terre. — Depuis plus de deux ans, la France jouissait d'un repos qu'allait bientôt troubler la campagne de Hollande. Le traité d'Aix-la-Chapelle avait été signé le 2 mai 1668.

11, 4. *Deux grandes déités.* — Minerve et Junon. Allusion au jugement du beau Pâris, fils de Priam et d'Hécube : choisi par Jupiter pour terminer le différend entre Junon, Pallas et Vénus au sujet de la pomme d'or que Discorde avait jetée sur la table des Dieux aux noces de Thétis et de Pélée, Pâris donna la pomme à Vénus, comme « à la plus belle ».

— 14. *Elle est plus belle que Vénus.* — Imité de ce passage d'Apulée : « Quoi ! moi, la mère de la nature, moi, le principe des éléments, moi, Vénus, l'âme de tout l'univers, je partage avec une simple mortelle les honneurs de la majesté divine, et mon nom, vénéré dans le ciel, est profané par les outrages des humains ! Avec cette divinité en commun, je serai donc exposée à recueillir des hommages qui ne seront pas pour moi ! Une créature périssable promènera partout l'image de Vénus ! Est-ce en vain que ce berger, dont le grand Jupiter a loué la justice et l'impartialité, m'a accordé la palme de la beauté sur deux puissantes déesses ? Ah ! quelle que soit celle qui usurpe mes honneurs, elle n'en jouira pas longtemps : je la ferai bientôt repentir de ses insolents attrats ! (*Psyché*, traduction de M. V. Develay, p. 8 à 10, Librairie des Bibliophiles, 1873.)

ACTE PREMIER.

18, 11. *L'art de la Thessalie.* — C'est-à-dire la magie :

« Des charmes de la Thessalie
On vante de tout temps les merveilleux effets. »
(*Amphitryon*, I, 3.)

PREMIER INTERMÈDE.

32, 12. *Plaintes en italien.* — On en trouve cette imitation, en vers, dans *le Ballet des Ballets* imprimé à la fin de cette même année 1671 :

FEMME AFFLIGÉE.

Mêlez vos pleurs avec mes larmes,
Durs rochers, froides eaux, et vous, tigres affreux;
Pleurez le destin rigoureux
D'un objet dont le crime est d'avoir trop de charmes.

UN HOMME AFFLIGÉ.

O dieux ! quelle douleur !

AUTRE HOMME AFFLIGÉ.

Ah ! quel malheur !

UN HOMME AFFLIGÉ.

Rigueur mortelle !

AUTRE HOMME.

Fatalité cruelle !

TOUS TROIS.

Faut-il, hélas !
Qu'un sort barbare
Puisse condamner au trépas
Une beauté si rare !
Cieux, astres, pleins de dureté,
Ah ! quelle cruauté !

AUTRE HOMME AFFLIGÉ.

Quel de vous, ô grands dieux ! avec tant de furie,
Veut détruire tant de beauté ?
Impitoyable ciel, par cette barbarie
Voulez-vous surmonter l'enfer en cruauté ?

UN HOMME AFFLIGÉ.

Dieu plein de haine !

UN AUTRE.

Divinité trop inhumaine !

ENSEMBLE.

Pourquoi ce courroux si puissant
Contre un cœur innocent ?
O rigueur inouïe !
Trancher de si beaux jours,
Lorsqu'ils donnent la vie
A tant d'amours !

FEMME DÉSOLÉE.

Que c'est un vain secours contre un mal sans remède,
Que d'inutiles pleurs et des cris superflus !
Quand le ciel a donné des ordres absolus,
Il faut que l'effort humain cède.

ACTE DEUXIÈME.

41, 25. *Un oracle jamais n'est sans obscurité.* — Corneille s'emprunte ici ces deux vers à lui-même :

« Un oracle jamais ne se laisse comprendre :
On l'entend d'autant moins que plus on croit l'entendre »

avait dit Camille, trente ans plus tôt. (*Horace*, III, 3.)

44, 21. *Cadmus défait le serpent de Mars.* — Cadmus, fondateur et roi de Thèbes, ayant envoyé ses compagnons puiser de l'eau à la fontaine de Dircé, ceux-ci furent dévorés par un dragon. Cadmus attaqua ce monstre, le tua, et sema ses dents d'où naquirent des hommes tout armés.

ACTE TROISIÈME.

52, 13. *Sous des déguisements de diverse nature.* — Nous avons rappelé, dans deux notes du prologue d'*Amphitryon*, les divers déguisements de Jupiter. On y peut ajouter qu'il se métamorphosa en serpent pour Proserpine comme pour Eolis, en aigle pour Ganymède comme pour Astérie, et en Diane pour Caliste.

On sait que Diane elle-même se transformait en clair de lune pour caresser le beau corps de son amant Endymion, condamné au sommeil.

53, 15. *Qui n'aiment point de grands enfants.* — « Ne suis-je pas trop heureuse d'être appelée grand'mère à la fleur de mon âge ? » dit Vénus, dans Apulée (p. 103).

ACTE QUATRIÈME.

68, dernière ligne. *Le partage d'une cadette.* — « Voyez, dit l'une, combien la fortune est aveugle, injuste et cruelle.

A-t-elle bien pu permettre que trois sœurs, issues du même sang, eussent des conditions différentes! Cette cadette, dernier fruit d'un flanc tari, a épousé un dieu et nage dans l'opulence, sans savoir user convenablement de tant de richesses! » (Apulée, id., p. 37, 38.)

ACTE CINQUIÈME.

93, 21. *Le trésor de beauté divine.* « Mais il y a une chose que je te recommande par-dessus tout, c'est de ne point t'aviser d'ouvrir ni d'examiner la boîte que tu porteras, et au fond de laquelle sera renfermé soigneusement ce trésor d'une beauté divine. » (Apulée, id., p. 123.)

A rapprocher de la fameuse boîte que Jupiter chargea Pandore de porter à Prométhée : l'indiscret Epiméthée, son époux, l'ayant ouverte, tous les maux qu'elle renfermait se répandirent sur la terre.

96, 3. *Des Adonis et des Anchises.* — Adonis, passionnément aimé de Vénus, était grand chasseur : il fut tué par un sanglier et métamorphosé en anémone.

Anchise, prince troyen, épousa secrètement Vénus, dont il eut Enée.

BALLET FINAL.

106, 16. *Quatre polichinelles et deux matassins.* On est quelque peu surpris de rencontrer ces masques de la comédie italienne dans un milieu mythologique.

Le Polichinelle reparaîtra dans un intermède du *Malade imaginaire*. Quant aux matassins, voir notre note de *M. de Pourceaugnac*, p. 104.

Imp. Jouaust, L. Cerf.

www.ingramcontent.com/pod-product-compliance
Ingram Content Group UK Ltd.
Pitfield, Milton Keynes, MK11 3LW, UK
UKHW031906260826
14628UKWH00003B/1024

9 782012 764767